わたしたちに必要な
33のセーフティー
ネットのつくりかた

はじめに
　〜この本を読むみなさまへ

　今、日本のさまざまな現場で生活不安の声があがっています。都会の住民や過疎地の住民、子持ち世帯や高齢者世帯、働いている人や職を探している人、高齢者施設にいる人や入院している人、その不安のあり方は多様です。2009年に政権交代が実現し、民主党を中心とした連立政権は「コンクリートから人へ」というスローガンを掲げ、人びとの期待を集めました。しかし、改革は遅々として進みませんでした。また、「コンクリートから人へ」という理念が現実化された際の姿がどのようなものなのか、それが人びとの生活をどのように変えるのか、そのビジョンは一向に示されませんでした。たとえば、子ども手当の導入、公立高校無償化、各種控除の見直しなどの改革がでてきましたが、これらが全体として人びとの生活をどのように変えるのか、その全体像が見えません。

　東日本大震災の発生により、生活不安を解消させるためのビジョンを構想し、実行することが、より一層の急務となっています。本書では、「セーフティネット」のさまざまな領域を見渡し、それぞれの何が今問題になっていて、それをどのように改善していくべきかを分かりやすく解説することを目的にしてつくられました。本書の題名にある「セーフティネット」は、人びとの生活を支えるあらゆる領域の生活保障を包括しています。

　次のページにありますように、今、そのネット（網）があちこちで破れかけています。絵でかかれているさまざまな現場は、この本で扱った現場です。その現場には、吹き出しに書かれた理由などによって、みんながのっていたセーフティネットに穴があいたり、つるしているひもが切れかかってきていて、もう落ちはじめた人が出てきているという状況を示しています。

　各章の執筆者は、なるべく現場に近く、現状に詳しく、また将来へのビジョンをお持ちの方にお願いをしました。ですから、その肩書きは、NPOなどの市民団体や労働組合で活躍されている方、児童相談所などの行政機関の職員、

生活
第 1 章
- 生活保護を申請させない「水際作戦」
- 雇用保険の受給率は2割
- 住まいの貧困など

労働
第 2 章
- 労働のルールが守られていない
- 派遣切り
- 女性に対する差別など

医療と社会保険
第 3 章
- 国民健康保険料が高い
- 世界的に見て高い患者の自己負担
- パンク寸前の救急医療など

老後
第 4 章
- 格差が大きい高齢者世代
- 低所得高齢者の住まいがない
- 無縁社会など

子育てと教育
第 5 章
- 子どもの貧困
- 減らない待機児童
- 24万人の不登校・中退生徒など

- 社会保障費の削減
- 非正規の増加と賃金の両極化
- 止まらない人口減少
- 限界集落の増加など

ジャーナリスト、医者、学校の先生、大学の先生、研究者など、バラエティに富んでいるのも本書の特徴の1つです。

セーフティネットの中身は、「社会保障・福祉制度」に限りません。「社会保障・福祉制度」とは、国民年金などの社会保険、雇用保険や労働災害保険などの労働保険、生活保護などの公的扶助、高齢者へのホームヘルプなどの福祉サービスなどを意味しています。

実際に人びとの生活保障にかかわる制度は、「社会保障・福祉制度」のほかにも、労働、教育、医療、都市計画など、金銭の給付のみに限らない、多様な領域を含んでいます。たとえば、働いている人であれば、労働基準が遵守されているかどうか、労働者派遣法が遵守されているかどうか、これらの労働法が労働者の労働条件を劣悪なものにしていないかどうかなども、その人の生活保障にかかわる制度として考えることができます。高齢者であれば、国民年金などのお金の問題だけでなく、認知症の方が今住んでいる町や村で安心して暮らせるかどうか、介護サービスは充実しているかどうか、病院に安心してかかることができるかなども大変重要な要素です。

現在の行政のあり方では、分野の所管が厚労省、文科省、国交省などに分かれ、それぞれがうまく連携していないことが多くあります。また、国の借金が膨らみ、自治体の財政が逼迫するなか、政府と自治体がお互いに責任をおしつけあうような住民不在の風景もよく目にします。今後のセーフティネットのあり方を考えていく上では、行政のみでなく、NPO、企業、労働組合などの民間組織も積極的に関与していくことが求められます。

経済が成長しさえすれば、セーフティネットは自然と充実させることができると論じる人もいます。経済成長により人びとが納める税金収入も増え、それを元手にセーフティネットを充実させることができる、という考え方です。こうした考え方ですと、経済成長のための政策が先で、セーフティネッ

トの充実は後回しになります。これまでの政策は、基本的にこうした考え方に基づいていました。

　しかし、バブル崩壊以降の日本経済が一向にかつてのような成長をしないのは、人びとが将来に不安を抱き、消費をしないからだと説明することもできます。消費が少なければ経済も成長しません。また、就職氷河期に就職時期をむかえた若者がその後もなかなか安定した職に就けず、就職できたと言っても正規職ではなく、安い賃金と過酷な労働条件に耐えなければいけないという状況のなか、所得が十分でないために消費も伸びないという現実もあります。今、企業が積極的に投資できないのは、国内の消費が将来的に伸びる確信を持てないせいでもあるでしょう。何より、今後日本の人口は減り続けるため、全体の消費量がますます増えにくい構造になります。子どもの数が減るのは、女性が安心して働くことができる環境が整備されていないという要因が大きいものと考えられます。

　つまり、日本の経済が停滞している要因として、逆にセーフティネットが充実していないという現実を無視することはできません。そうした状況を放置して、経済成長のみにとらわれた政策が実施され続ければ、人びとの生活は厳しくなり、不安は増大し、経済の先行きは一層不透明になりかねません。また、セーフティネットの充実は、人びとの暮らしや雇用の安定や人権の保護とも深く関係しており、それ自体として意味があります。現在の日本は、社会の大きな転換期にあたり、生活保護や国民年金などの個別の制度の議論は多くあります。しかし、セーフティネット全体のビジョンをどのように描くかの議論が不足しているように思われます。

　本書が、これからの日本のセーフティネットをどうするか、改革に向けた議論をする際の材料としてささやかな一助となれば幸いです。

五石敬路

INDEX

はじめに　〜この本を読むみなさまへ／五石敬路

第1章 安全・安心な生活を保障するセーフティネット ……………… 9

01 生活保護をもっと使いやすくする方法／五石敬路
02 ワーキングプアのセーフティネットをつくる／五石敬路
03 非正規労働者に必要なセーフティネットをつくる／鴨　桃代
04 すべての人びとに住まいが保障される社会をつくる／稲葉　剛
05 女性が安心して暮らしていけるしくみをつくる／竹信三恵子
06 ひとり親と子どもたちが生きやすい社会づくり／赤石千衣子
07 住宅弱者が安心して暮らすしくみづくり／稲葉　剛
08 年間3万人以上の自殺者をなくしていくしくみをつくる／斎藤貴男
(COLUMN 1)「多重債務者のセーフティネット」／北　健一

第2章 安心して働くことを保障するセーフティネット ……………… 47

09 働くルールを強化する／竹信三恵子
10 失業しても困らないしくみをつくる／酒井　徹、竹信三恵子
11 女性が働きやすいしくみをつくる／遠藤智子
12 同じ働きには同じ待遇を保障するしくみづくり／屋嘉比ふみ子
13 働き続けられるしくみをつくる／鴨　桃代
14 仕事も暮らしもどちらも大切にできるしくみづくり／竹信三恵子
15 ワークシェアリングというしくみづくり／竹信三恵子
16 移住労働者が公正に働けるしくみづくり／高谷　幸
17 労働者の権利を広げていくしくみづくり／今野晴貴
18 社会に貢献できる企業を育てる／竹信三恵子
(COLUMN 2)「セクシュアルマイノリティの職場環境」／遠藤智子

第3章 いのちと健康を守るセーフティネット … 93

- **19** だれでも医療を受けられるように
  国民皆保険のしくみをつくりかえる／平舘英明
- **20** 低所得者の医療負担を軽くするしくみづくり／鈴木　伸
- **21** 地方の医療をつくりかえる／山岡淳一郎
- **22** 救急医療をつくりかえる／山岡淳一郎
- **23** 周産期医療をつくりかえる／石井敏弘
- COLUMN 3 「小児科医不足を解決する試み」／山岡淳一郎

第4章 老後を保障するセーフティネット ……… 115

- **24** 高齢者の生活を保障する方法／下村幸仁
- **25** 高齢低所得者層が安心して暮らせる住まいのしくみをつくる／稲葉　剛
- **26** 介護現場の職員が働きやすいしくみをつくる／池田昌弘
- **27** 高齢者を地域でサポートするしくみをつくる／池田昌弘
- **28** 高齢者が住みやすい地域につくりかえる／新藤宗幸
- **29** 高齢者を元気にするしくみをつくる／新藤宗幸
- COLUMN 4 「高齢者のメンタルケア」／平井　寛

第5章 未来をたくす次世代を育てるセーフティネット ……… 145

- **30** 子どもの貧困をなくすしくみをつくる／山野良一
- **31** 子どもの保育のしくみをつくる／南雲　文
- **32** 教育を受ける権利を保障するしくみをつくる／水野行範
- **33** だれでも学ぶことができるしくみづくり／水野行範
- COLUMN 5 「子どもの虐待と貧困」／川松　亮

あとがき　～ほんとうに必要なセーフティネットのつくりかた／竹信三恵子

第 **1** 章

安全・安心な生活を保障するセーフティネット

01
生活保護をもっと使いやすくする方法

◇底が抜けた日本のセーフティネット

　東日本大震災の発生前である2011年1月、生活保護受給者数は199万8975人に達しました。これは、戦後の混乱期以来の数字です。震災の発生により、200万人突破は確実です。人びとが生活を安定させ、自立した生活を取り戻すためにも、生活保護の役割は重要です。しかし、日本には餓死者さえいます。行き倒れて亡くなる方も毎年後を絶ちません。

　北九州では、2005年から07年にかけ、立て続けに3件の餓死事件が起きています。餓死状態で発見された52歳の男性は、亡くなる直前の日記に「オニギリ食いたーい」と書き残していました。じつはこの男性は、生活保護を受けていましたが、福祉事務所に保護の辞退届けを提出させられていました。

　同じく07年秋には、浜松の路上で飲まず食わずの状態にあった70歳の女性が亡くなりました。救急車を呼ぶよう求めたホームレス支援のボランティアによれば、このとき、女性の周りには数人の福祉事務所職員が心肺停止となっている女性を取りかこみ、ただ見下ろしているだけの状態にあったと言います。

　そもそも日本の社会保障制度のもとでは、働いている方が失職すれば雇用保険が適用され、次の職をみつけるまでの生活費として手当が支給されます。働けない方や高齢者のばあいには社会保険が、病気やけがをしたばあいには医療保険や労働災害保険などが用意されています。そして、これらの社会保障でも十分でないばあいでも、最後のセーフティネットとして生活保護制度があります。生活保護制度のもとでは、世帯の所得が最低生活費を下回れば、誰にでも生活保護が適用され、生活扶助などとして金銭や物品が支給されます。

このように手厚く社会保障が整備されているなかで餓死者がでるのは、このセーフティネットが底抜けしているからにほかなりません。厚生労働省の推計によれば、収入が最低生活費未満の世帯のうち生活保護受給世帯の割合は3割以下に過ぎません。これまでの研究から、この数字は他の先進諸国のなかでかなり低い水準であることがわかっています。

◆生活保護がなかなか受けられない理由

日本のセーフティネットが底抜けしている理由は何でしょうか。

生活保護には「入口」と「出口」があります。専門家の間では、生活保護の理想は、保護を必要とする人が誰でもすばやく扶助などを受けることができ（入口）、自立のための支援を受け、すみやかに保護を必要としない状態になる（出口）ことだとよく言われます。この「入口」と「出口」の両方が、機能不全を起こしているのです（図1）。

生活保護の「入口」は、北九州の事件に象徴的に見られるように、非常に狭き門となっています。所得が最低生活費以下の世帯のうち、実際に生活保護（公的扶助）を受給している割合を捕捉率と言いますが、日本の捕捉率が低い理由はおもに3つあります。

1つ目は、生活保護の「補足性の原理」です。生活保護法によれば、たとえ生活が困窮していても、持っている資産や稼働能力を十分に活用していなければ、保護が開始されません。一見合理的な制度ですが、実際には過酷な運用の一因となっています。1995年には、生活保護を受けていた79歳の女性に福祉事務所がクーラーの取り外しを求め、これに従ったところ脱水症状を起こし、入院してしまうという事件がありました。

現在でも、申請時に現金保有や預貯金は最低生活費の半月分しか認められず、生活用品としての自動車は原則として売却を迫られます。つまり、失職

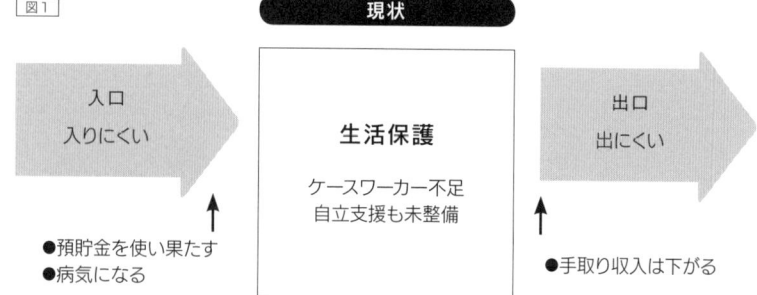

あるいは病気やけがで所得がなくなったばあいでも、預貯金を使いきり、自動車を売却するなどして、丸裸の状態にならなければ生活保護を受けられないのです。

2つ目は、生活保護制度自体の問題というよりも、なるべく生活保護の受給者を増やそうとしない自治体の姿勢に問題があります。生活保護の申請がひとたびなされれば、福祉事務所は国によって一律に定められた法令や基準に沿って、申請のあった日から14日以内に決定か却下の通知をする義務を負います。ですので、なるべく生活保護受給者を増やしたくない自治体や福祉事務所は、申請をする前に、申請をあきらめさせようとします。これを一般に「水際作戦」と言います。

3つ目は、生活保護を受けることに負い目を感じてしまうという問題があります。生活保護を十分に受けることができるような状態にあっても、「生活保護だけは受けたくない」という思いを持っている方は少なくありません。このような負い目が生じるのは、丸裸になることを求めるなど非常に制限的に運営されている生活保護制度のイメージに起因するところが大きいと考えられます。

◆生活保護が長期化する理由

生活保護の「出口」に関連しては、近年、生活保護における「自立支援」が盛んに強調されています。しかし、生活保護法には「自立」に関する条項がほとんどありません。そのためプログラムも非常に貧弱にしか実施されておらず、国と自治体が責任を押し付けあっているのが現状です。

もともと日本では、生活保護受給者を支援するケースワーカーには素人が多く、生活保護とはまったく性格の異なる業務を担当していた一般の職員がローテーションでケースワーカーになるのがほとんどです。そのようななか

図2

改革後のすがた

入口
入りやすい

生活保護、
求職者支援など
自立支援充実

出口
出やすい

● 就労者増加、医療費削減など

で、充実した「自立支援」などできるはずがありません。

　日本の生活保護は「入口」だけでなく、「出口」も非常に狭くなっています。生活保護を脱した途端、生活保護がいっさい受けられなくなるだけでなく、NHKの受信料、上下水道代、社会保険料、医療費も3割自己負担などが、一気にのしかかります。保護を脱するとかえって手取りの収入が減りかねないしくみになっているのです。

◆生活保護を改革する

　生活保護の「出口」については、誰もがすみやかに保護を必要としない状態になるべきだというわけではありません。一刻もはやく保護の状態を抜け出し、自分で働いて安定した収入を得たいという方が大勢いる一方、高齢の方、重い障害や病気を持つ方、重度のけがをして回復に時間のかかる方は、むしろ、安心して保護を受け続けることができるような制度が必要でしょう。現在の生活保護は、これらの多様な人びとを一括して対象としていますが、じつは、これは先進諸国のなかでは非常に珍しい制度です。

　日本の現行の生活保護制度は、次のように改革されるべきです。

　まず、雇用保険を受けられない失業者、働いていても収入が最低生活費以下の人に生活費を支援する制度を、生活保護とは別に設けます。現在の住宅扶助も生活保護から切り離し、家賃補助として別の制度にします（24ページ参照）。「入口」を広くした制度を、生活保護とは別につくるのです。

　一方、「出口」も広くするため、自治体が自立支援に積極的に取り組めるようなしくみも必要です（図2）。そのため、生活保護費の負担はすべて国庫の負担とします。自立支援は自治体の負担ですが、実施には地域のNPOなどが、この事業に参加できる体制づくりを目指すべきです。（五石敬路）

02
ワーキングプアの
セーフティネットをつくる

◆ワーキングプアにはセーフティネットがない

　東京池袋のあるネットカフェでは、毎晩夜9時になると、宿泊を目的とした人びとがどこからともなく、たくさん集まり列をなします。この時間から、料金のお得なナイトパックを利用できるからです。集まった人びとの年齢は、若者だけでなく、20歳代から50歳代まで多様です。こうした人びとは翌朝5時から6時にかけネットカフェを出ます。出勤するためです。ネットカフェで生活する人びとの多くは、ネットやゲームをするためではなく、出勤場所が近くにあるからという理由でネットカフェを利用しています。

　こうしたひとりで46歳の男性は、建設現場の日雇い派遣で毎日を何とか食いつないでいますが、仕事があるかどうかが直前に決まるので先が見えないと言います。仕事のない日が続くこともあり、月給制の仕事に就くことを望んでいますが、月給にした場合、給料日まで収入がなくなり、それまでの生活費に困るため難しいと言います。

　日本には、残念ながら、こうした人びとを支援するための制度がありません。たとえば、2010年11月現在、日本の全失業者のうち雇用保険の手当を受けているのは約2割にすぎません。つまり、失業をしても、約8割の確率で雇用保険の適用を受けることができないということです。また、稼動年齢層にある方が福祉事務所へ相談に行っても、「まずハローワークで職探しをしなさい」と追い返されるケースが非常に多いのです。そのため、ひとりでも就労者がいる貧困世帯のうち、生活保護を受けている世帯の割合は5％にも足りません。たとえ生活保護を受けたとしても職を得て自立を支援するための生業扶助はほとんど使われておらず、全体の生活保護費のうち生業扶助の割合は毎年1％をはるかに下回っています。つまり、現在の日本には、ワーキングプアを対象としたセーフティネットがないのです。

◆自立支援に見られる官僚主導と行政の縦割りの弊害

 ここであらためてワーキングプアを定義すると、働いているのに貧しい、あるいは働くことができるのに貧しい世帯や個人となります。

 働いているのに貧しいというのは、最低賃金制度が最低生活保障として機能していないからにほかなりません。また、働くことができるのに貧しいのは、本人には働く能力も意欲もあるのに、就労機会がないということです。

 日本では、こうした人びとが貧困に陥っているのは、本人にやる気がないからだとしばしば考えられています。その象徴が「ニート」や「フリーター」と呼ばれる若者たちへの世間のイメージです。当初、政府が実施した若者自立支援策は、このイメージを色濃く反映したものとなっていました。つまり、若者が働かないのは若者のやる気がないからであって、やる気を起させるように心を鍛えなおし、生活のリズムをつくらせようというのです。「若者自立支援塾」はその典型的な施策と言えるでしょう。「ニート」や「フリーター」と呼ばれる方のなかには、じつは相当数が発達障害を抱えていると言われ、その場合、働くよう無理に促すことは逆効果が懸念されます。

 こうした考え方のため、若者自立支援策には福祉的な要素は入っておらず、就労支援策に偏ったメニューとなっているのが特徴です。たとえば、先述したネットカフェで生活する人びとを、厚労省は「住居喪失不安定就労者」と呼びました。住居を喪失しているのですからホームレスですが、ホームレスとすれば福祉における支援策が必要となるので、あくまで「就労者」と呼ぶことにこだわったのです。

 若者自立支援策が就労支援策に偏っている背景には、行政の縦割りの弊害も見られます。厚生労働省は、福祉を所管する厚生省と雇用を所管する労働省が統合したものですが、実際には両者はいまだに有機的に統合されていま

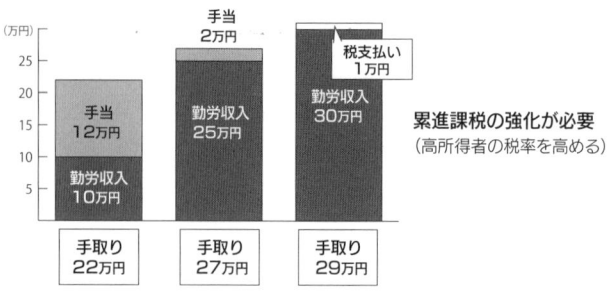

表1　働いて給料が増えれば手取りが増える新しいしくみ（給付付き税額控除）

せん。前述の「住居喪失不安定就労者」という言葉には、そのことがよく示されています。若者自立支援策には、厚生労働省、経済産業省、独立行政法人雇用・能力開発機構、自治体などさまざまな役所や公的機関がかかわり、若者自立支援策のほか、ジョブカフェ、地域若者サポートステーション、ヤングジョブスポット（2008年3月末に廃止）など、外部者から見れば一体どこか違うのかよくわからない施設が全国に設置されました。

　行政の縦割りのほか、もう1つの重要な問題は、これらの事業のどれもが法令に基づくものではなく、官僚が裁量的に立案した補助事業だという点です。このため、ほかの行政機関との連携が十分に整備されていないケースがほとんどですし、事業は単年度予算のため次年度にまた継続できるかどうか予測できず、事業の委託を受けたNPOは不安定な運営に悩まされています。

◆ワーキングプアが自立するための制度をつくる

　ワーキングプアを支援するための制度づくりには、雇用と福祉の連携が欠かせません。また、官僚主導による補助事業として実施するのでなく、法律に規定された確固とした制度づくりを目指すべきです。

　社会保障・福祉の面では、厚生年金・健康保険に短時間労働者が加入できるようにすべきです。現行では、厚生年金・健康保険は労働時間が週30時間未満の短時間労働者は加入できないと言われていますが、じつはこのような規定は法令のどこにも書かれていません。その根拠は、1980年に当時の厚生省保険課長らが都道府県担当課（部）長宛てに出した「拝啓　時下益々」で始まる手紙（内かん）なのです。

　雇用保険の未加入者や長期失業者にも生活支援が必要です。これには、働くことができる場合は生活保護ではなく、ヨーロッパによく見られる失業扶助などの新たな制度の創設が考えられます。また、失業者に対する雇用保険

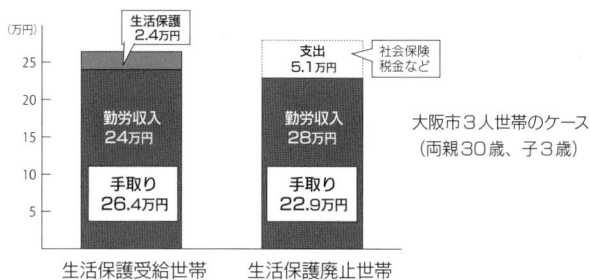

表2 現在の制度では、生活保護を脱した途端に手取りが減る!

の適用率が低下している理由は、派遣労働など短時間労働者の増加のほかにも、長期失業者の増加という要因も大きく作用しています。失業者のうち1年以上失業状態が続いている人の割合は、1990年代はじめまでは2割以下でしたが、近年では3割を超え、ヨーロッパに近づく勢いを見せています。

現在検討されている「求職者支援法案」はじつは失業扶助に近い制度ですが、対象は職業訓練の受講者のみとなっています。自立支援のメニューは、職業訓練だけでなく、心の問題を抱えている人には社会的な参加を促すプログラムなど、多様化すべきです。また、職に就いている人でも、所得が最低生活費以下の人には手当を支給し、働けば働くほど、手取りの収入が増えるような制度を導入すべきです。欧米や韓国ではすでにこのような制度が導入されており、日本では「給付付き税額控除」と呼ばれています（表1、2）。

さらに、近年の欧米諸国では、こうした生活支援のほか、一人ひとりに担当者をつけ、アドバイスを得ながら自立を図るような制度づくりが進められています。イギリスやドイツでは、ハローワークと福祉事務所が統合されたような組織が設置され、相談者には個人的なアドバイザーが長期間にわたりつくこととされています。日本の雇用保険や求職者支援法案には、このアドバイザーの制度がありません。日本でも類似したパーソナル・サポート・サービスが各地で試験的に始まっていますが、ぜひ制度を恒久化すべきです。

しかし、たとえ個人的なアドバイザーがついても、単に一般労働市場への就労を促すだけでは、結局不安定な雇用に就くだけに終わり、問題の解決にはなりません。そこで、「自立支援」の一環として、NPOなどによる社会的企業の設立を促し、公的支援のもとで雇用そのものをつくりだすことも可能です。イタリアや韓国ではすでに社会的企業に関する法律が制定されており、そのほかの先進諸国でもこうした動きが普及しています（88ページ参照）。

（五石敬路）

03

非正規労働者に必要な
セーフティネットをつくる

◇年金がもらえない非正規労働者の未来

　日本で派遣という働き方が誕生したのは、米国資本の派遣会社であるマンパワーが上陸した1966年です。その5年後の1971年から派遣で働いてきた派遣労働者・Ｕさんは99年6月末、63歳で契約が打ち切りになりました。Ｕさんは、71年から91年までの20年間、厚生年金に加入させてもらえませんでした。Ｕさんはフルタイムで働いていましたが、会社からは厚生年金に関しての説明はありませんでした。一度、派遣会社に対し「入りたいのですが」と問いましたが、「派遣は対象になっていない」と言われ、そのままになっていました。その結果、派遣で働いていた28年間のうち20年もの間が厚生年金に未加入状態になりました。この20年間に厚生年金に加入していたと仮定すると、年金は約200万円（年額）もらえました。ところが、未加入だったため、年金は約100万円（年額）、月々わずか8万4000円。生活できないという現実が突きつけられました。Ｕさんのケースは、まさに厚生年金加入率が低い非正規労働者の未来そのものです。

◇人件費コストをかけたくない企業

　健康保険と厚生年金保険などを社会保険と言います。非正規雇用であっても、契約期間が2ヵ月以上で、1日または1週間のうちに働くことになっている時間が、フルタイムで仕事をしている人のおおむね4分の3以上という条件を満たしていれば、加入できます。労働者を1人でも雇っている法人の事業所では、働く労働者本人が加入を希望するか否かにかかわらず、社会保険に加入させることが義務付けられています。

　ところが、加入条件を満たしていても、雇用主が人件費コストを抑えたいがために労働者と折半の保険料を負担したくないので、「非正規だから」と、

社会保険の対象外であるかのように扱うケースがあります。「コールセンターに派遣されていた。週5日フルタイムで1年間働いていたが、日雇いという扱いなので社会保険も雇用保険も加入してくれない」（30代・男性）など、派遣会社が業務管理費などの名目で派遣料金から50～60％も受け取っていても、社会保険・雇用保険に加入させない実態が横行しました。

◆保険料が払えない

　非正規労働者の8割は、月20万円・年収240万円に届かないワーキングプアです。ゆえに、保険料を払えない、手取りを減らしたくないなどで、社会保険加入を望まない人、有期雇用だから人生設計が立てられないので、給付されるかどうかわからない年金より目の前の生活、という人もいます。

　社会保険は、労働者やその家族が病気やけがをしたとき、病気やけがで会社を休んで賃金が支払われないとき、出産をしたとき、亡くなったとき、高齢で働けなくなったときなど、支給されます。誰しもが、生き働く上で起こるリスクに対するセーフティネットです。にもかかわらず、ワーキングプアであるがゆえに、セーフティネットから自らはずれることを選択してしまう現状も横たわっています。

◆将来にわたる相互扶助のしくみを

　非正規労働者は全雇用労働者の3割以上、女性も若年層も過半数を超えました。このままでは、社会保険に未加入で、年金の対象にならない人が急増します。そのことは結果として、非正規労働者のみならず、すべての労働者の社会保険の基盤を崩壊させていきます。労働者の将来の安心に向けて、取り組みを始めるべきです。当面は現行制度での無年金・低年金対策は急務です。賃金が低くても生活できる年金を受け取れるしくみをつくるべきではな

いでしょうか。

　社会保障は、本来、皆でお金を出し合って、高齢者や病気の人、経済的理由で困っている人を支えるしくみです。低賃金の人の保険料を減額し、その分を税金で補うなど検討し、誰もが安心して人として一生涯生きていけるようにすべきではないでしょうか。自己責任にゆだねる社会から、お互いさまで支え合いを可能とする社会保険に転換すべきです。

◆雇用保険は原則皆保険に

　2008年に「派遣切り」にあった多くの派遣労働者は、仕事を奪われ、失業したにもかかわらず、雇用保険を使うことができませんでした。派遣労働者の多くは6ヵ月以下の細切りの有期契約であったため、雇用保険適用条件であった「1年以上引き続き雇用されることが見込まれること」を、人件費コストをかけたくない派遣会社が活用したために、未加入者がほとんどでした。この適用条件はリスクある働き方である非正規労働者を想定していない、脆弱な雇用保険でした。

　2009年4月に上記適用条件が「6ヵ月以上雇用見込み」に変わり、さらに、2010年3月31日に成立し、4月1日から施行された改正雇用保険法では、「31日以上雇用見込み」に変わりました。この改正によって、「30日以内」は日雇労働保険、「31日以上」は一般の雇用保険に加入できるということで、いよいよ雇用保険制度は原則皆保険となりました。これによって雇用保険に加入できる非正規労働者が増えることは間違いないと思います。

　また、事業主の未届けにより、雇用保険に未加入とされた労働者について、加入していた期間の遡及期限を従来の「2年以内」から実質無期限に延長されました。これによって、事業主の手続きに問題があった場合、失業者が被る不利益が是正されます。

雇用保険は、非正規労働者のセーフティネット機能の強化の観点から改正が進んだといえます。しかし、「仕事がない」状態は改善されていないので、次の仕事に就く「安心」のために給付期間の延長を図ることを求めます。

◆最低賃金を引き上げる

労働者は働くことで得る賃金を生活の糧にしています。以前は働けば食べていけると言われていました。ところが、今、"ワーキングプア"と呼ばれる労働者が急増しています。懸命に働いても24.5％の労働者が年収200万円に届きません。その多くは非正規労働者です。全雇用者の35.5％、女性で言えば55.2％をしめる非正規労働者の賃金は、同じ職場で同じ仕事をしていても「外部賃金」に位置づけられ、都道府県別に定める「最低賃金」が賃金水準にされています。

10年度の全国の最低賃金の平均は「730円」です。この時給額を下回らなければ労働基準法違反にはなりませんが、730円で年間フルタイム（2000時間）働いたとしても年収額に換算すると146万円です。この額で生活することはできません。賃金額が法律違反ではないとしても、憲法25条「国民は健康で文化的生活を営む権利を有する」の生存権に、抵触していると言えるのではないでしょうか。パート労働者で月収20万円（税込み総額で）を超える人はわずか6.7％です。非正規労働者全体でも21.5％しかいません。「生活できる賃金」は、非正規労働者にとって生きるために切実な要求です。

他の先進国と比較しても、日本の最低賃金の水準は低すぎます。日本の水準が上回っているのはアメリカの連邦最賃だけです。日本では毎年10月に改訂されますが、最低賃金法第3条が「最低賃金は、労働者の生計費、類似の労働者の賃金及び通常の事業の賃金支払能力を考慮して定められなければ

表1　自治体ごとの臨時・非常勤等職員比率

	自治体数	比率(%)
50%以上	29	2.6
50%未満～45%以上	51	4.6
45%未満～40%以上	109	9.9
40%未満～35%以上	151	13.7
35%未満～30%以上	197	17.8
30%未満～25%以上	171	15.5
25%未満～20%以上	155	14.0
20%未満～15%以上	110	10.0
15%未満～10%以上	66	6.0
10%未満～ 5%以上	31	2.8
5%未満	34	3.1

出所：自治研「臨時・非常勤等の実態調査」

ならない」と定義されているため、この「支払い能力」を経営者側は前面に押し出し、その上げ幅は微々たるものです。自治体によっては生活保護の水準よりも低いところもあり問題視され、2008年7月に改正最低賃金法で「生活保護に係る施策との整合性に配慮する」となったことで、08年度16円、09年度10円と引き上げられましたが、まだまだ低いといわざるをえません。

憲法25条第2項は「国はすべての生活部面について、社会福祉、社会保障及び公衆衛生の向上及び増進に努めなければならない」とも謳っています。2010年の「雇用戦略対話における政労使の確認」では、「できるだけ早い時期に全国最低800円を実現し、2020年には1000円実現をめざす」となりました。しかし、10年後に年間フルタイム働いたとして年収200万円では、遅すぎます。中小企業など体力が弱い企業をどう支えるかなど課題はありますが、最低賃金を底上げすることで消費者でもある労働者の購買力が高まれば企業収益にも跳ね返るでしょう。積極的に最低賃金を引き上げることが求められています。

◆官製ワーキングプア

公務職場でも、「官製ワーキングプア」と呼ばれる非正規職員が増え、30%近くになっています（表1）。消費生活などの相談員、学童指導員、保育士など、住民サービスの最前線では過半数を占めています（表2）。正規職員と労働時間・職務内容で変わらないのに、年収は200万円に届かない、不安定な短期契約で雇用継続にも不安を抱えて働いています。行政からの委託を受ける事業所でも公共工事の請負だけでなく、ごみ収集・運搬・処理・処分、庁舎清掃、警備、建物の維持管理、学校給食、保育、などなど広がっています。

そんななかで09年9月、全国に先駆けて「公契約条例」が千葉県野田市

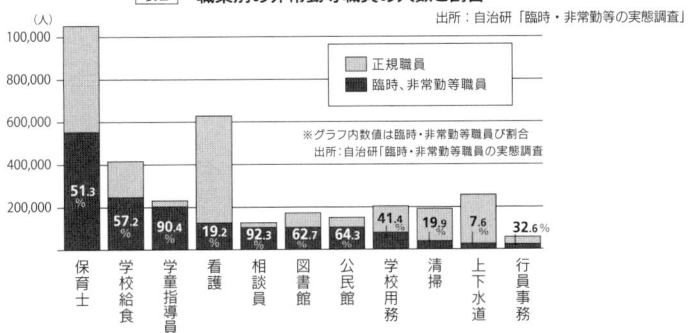

で成立しました。この背景には、各地方自治体が行なう公共事業や業務委託は、指名競争入札にすると談合や汚職の恐れがあり、透明性・公平性を保つために一般競争入札にすると労働者が競争にさらされ、モノ扱いされるという実態がありました。さらに、自治法に掲げる公共サービスの意義「最小経費による最大効果」が追求され過ぎ、人件費が抑制され「官製ワーキングプア」を生む土壌が作られました。

この「公契約条例」の特徴の第1は全国で初めて最低賃金の基準を明示したことです。①公共工事においては国の「設計労務単価」（標準的な建設労働者の賃金額を元に割り出される）の8割以上（職種にもよるが日額1万2000円～1万7000円程度）、②業務委託においては野田市の高卒初任所定内賃金（828円）を下回るような賃金で労働者を雇用してはいけないとしました。千葉県の最低賃金は728円（09年度）ですから100円以上時間単価が上がります。第2は、元請企業から下請企業・派遣業者に至るまですべてに連帯責任を課し、支払い義務を明記し、「下請けが勝手にやったこと」「派遣会社がいくら払っているか知らない」など言えないようにしました。

公共事業や公共サービスは地方の経済活動の中で大きなウエイトを占めます。当該の建設労働者、公共民間労働者だけに限らず地域の賃金相場の底上げに大きな影響を与えます。「前例がない」「他の自治体がやってない」からと足踏みをしていた自治体に対し公契約条例を進める好機です。

10年12月15日には政令指定都市では全国初となる公契約条例が、川崎市で成立しました。市発注の委託業務や工事に従事する人の報酬の下限額を公労使の審議会を経て決めるしくみや、条例順守のために受注業者に履行状況の詳細な報告を義務付けるなど、野田市の条例から一歩踏み込む内容が含まれています。全国で公契約条例を制定する運動を進め、地域から働く労働者の賃金の底上げを図るべきです。（鴨　桃代）

04
すべての人びとに住まいが保障される社会をつくる

◆仕事と住まいが同時になくなる

　2008年年末、東京・日比谷公園に開設された「年越し派遣村」には、派遣切りなどによって仕事と住まいを失った人たち約5000人が助けを求めに訪れました。その多くは、派遣会社の寮や建築現場の宿舎など、仕事と住まいがセットになった労働住宅に暮らしていた労働者でした。年明け1月5日以降、「村民」の約6割が生活保護を申請し、生活保護制度を利用して最低限の暮らしと住まいを取り戻すことができました。

　「派遣村」のニュースは国内だけでなく海外の報道関係者の注目を集めました。そのなかでも、ヨーロッパの記者からは、「なぜ日本の労働者は仕事を失うのと同時に、住まいを失うのか」という疑問の声が多数聞かれました。2008年秋の金融危機に始まる世界同時不況は各国の経済状況を悪化させ、世界各地で企業によるリストラが行なわれたものの、日本のように多数の労働者が文字通り路頭に迷ってしまうような状況は、社会保障制度や公的な住宅制度が充実しているヨーロッパの国々ではありえないと言うのです。

　アメリカ社会への鋭い問題提起を行なうドキュメンタリー映画をつくることで知られるマイケル・ムーア監督は、映画『シッコ』（2007年）で公的な皆保険制度のないアメリカの医療制度のおかしさを描きました。ムーア監督はこの映画の中で医療費が無償化されているイギリスやキューバの状況を取材し、「ほかの国であたりまえのように保障されていることが自国では保障されていない」という現実を描いています。

　民間の医療保険に多額の掛け金を払わなければ、病気になった時の保障が得られないアメリカ社会は、わたしたちにとってはおかしな社会に見えます。しかし、そのわたしたちも「住宅は自分で確保するもの」という意識が染みついているため、「派遣切りにより多数の労働者が仕事と住まいを同時に失う」

削減の対象とされているUR高幡台団地73号棟では住民が反対運動を行なっている。撮影：早川由美子

という状況をあまりおかしいとは感じません。「ほかの国であたりまえのように保障されていることが自国では保障されていない」という意味において、アメリカの医療問題にあたるものが、日本の住宅問題ではないでしょうか。

◆半世紀前に行なわれていた「警告」

1961年、国際労働機関（ILO）は、「労働者住宅に関する勧告」を採択し、「すべての労働者及びその家族に十分かつ適切な住宅及び適当な生活環境を提供することを確保するため、一般的な住宅政策の範囲内で住宅及び関連共同施設の建設を促進することを国の政策の目的とすべきである。困窮度の非常に高い者には、ある程度の優先順位を与えるべきである」という原則を述べた上で、「使用者がその労働者に直接住宅を提供すること」は、「やむをえない事情のある場合を除き、一般的に望ましくないことを認識すべきである」と指摘しています。つまり、派遣会社の寮など労働住宅に暮らす労働者は仕事を失うと同時に住まいを失う危険性が高いから、国が率先して労働者向けの住宅を整備するよう求めているのです。

政府が約半世紀前に出されたこの勧告に従っていたならば、派遣切りにより多数の人びとが住宅も失うという状況は避けられていたのではないでしょうか。わたしたちの社会は国際機関の「警告」を聞き流してしまったのです。

◆貧弱な日本の公的住宅政策

もちろん日本にも公的な住宅があります。しかし、公営住宅、都市再生機構によるUR賃貸住宅、地方住宅供給公社による公社住宅など、すべての公的住宅をあわせても、賃貸住宅全体の2割程度、住宅全体の約7％程度にとどまっており、近年の財政難により、その数は削減されつつあります。

公的住宅政策の貧弱さは、東日本大震災の被災者に対する住宅支援にも影

を落としています。東北地方ではもともと公的住宅が少なかったため、被災者に提供された公的住宅の戸数も限定的でした。

　一方で、多くの先進国で実施されている住宅手当も日本ではずっと実施されない状況が続いていました。2008年秋からの不況を受け、政府はようやく2009年10月から「住宅手当緊急特別措置事業」（民間賃貸住宅の家賃相当分を支給）をスタートさせましたが、収入などの要件が厳しいため、利用できる層が限られています。

　公的な住宅政策が貧弱である背景には、戦後の日本の住宅政策が中間層に持ち家を取得させることに主眼が置かれ、低所得者への住宅保障という観点が弱かったことがあげられます。「終身雇用制の企業に入社したら、若い頃は企業の福利厚生策として提供される社宅に暮らしたり、企業による住宅手当を受けることで住居費を節約し、世帯を形成したら、政府系金融機関による低金利の住宅ローンを組んで持ち家を確保する」というステップアップ型のライフコースが標準的なモデルとされ、政府が担うべき住宅政策の一部を企業が担うことがあたりまえのように思われてきました。

　しかし、1990年代前半にバブル経済が崩壊し、各企業がリストラを加速化させると、こうした福利厚生費は真っ先にカットされ、終身雇用制も崩壊しました。それでステップアップ型のモデルが成り立たなくなったのです。

　その後に登場した派遣会社の中には、派遣先企業の近くに会社名義のマンションを用意しましたところもありましたが、その多くは福利厚生的な性格を持つものではなく、周辺地域の家賃と変わらない賃料を取るものでした。部屋に設置してある家電製品のリース料などの名目で多額の費用を差し引くケースも珍しくありませんでした。こうしたマンションに入居した派遣労働者は、自分の名義で部屋を契約していないため、部屋の居住権を主張しにくい状態に置かれています。そのため、派遣切りにより雇用契約が解除される

住まいの貧困の解消を訴える人びと

と、すぐに部屋から追い出されてしまったのです。

ヨーロッパのマスメディアが驚いた「派遣切りにより、多数の労働者が仕事と住まいを失う」という状況は起こるべくして起こったと言えるのです。

◆「住まいの貧困」と向き合う社会を

近年、路上生活者、ネットカフェ難民など、住まいを失い、不安定な場所で暮らさざるをえない人びと、「ハウジングプア」（住まいの貧困層）が増え続けています。若年層のハウジングプア化はワーキングプアの増大と共に広がっており、将来にわたって少子化などの問題を引き起こしかねません。

「住まいの貧困」を克服し、安心して暮らせる住まいがすべての人に保障される社会にしていくためには何が必要なのでしょうか。

そのためには、まずわたしたちの「住まい」に対する意識を変えていくことが必要です。日本居住福祉学会会長の早川和男神戸大学名誉教授は、「日本人は住宅に公的支援がないことに疑問を感じない。マインドコントロールにかかっているようなものだ」と指摘しています。住宅ローンや月々の家賃負担が人びとの生活に重くのしかかり、自分の住まいを確保することが労働の主目的になっているような日本社会の現状に対して、まずは「おかしい」と声をあげること。それがマインドコントロールを解き放つ第一歩でしょう。

そのうえで現在、国土交通省と厚生労働省がバラバラに行なっている住宅関連施策を統合して責任の所在を明らかにし、「居住福祉」という観点から住宅政策を再編成していくこと、具体的には公的住宅政策と家賃補助制度を拡充していくことが求められています。そして何より政治が「住まいの貧困」という問題に向き合うことを求められているのです。（稲葉　剛）

05
女性が安心して暮らしていける しくみをつくる

◆女性が直面する「3つの貧困」

　ここ数年、赤ちゃんや幼児の遺棄事件が目立ちます。2008年9月、当時30歳の無職の女性が、横浜市内のネットカフェで赤ちゃんを出産して置き去りにしたとして神奈川県警に保護責任者遺棄容疑で逮捕されましたが、こうした事態が、各地で起きています。

　そんな母親たちの姿から浮かんでくるのは、女性が直面する「3つの貧困」、すなわち、男性の扶養がないと生活できない「経済的な貧困」、望まない妊娠をしないための「性教育の貧困」、そして、妊娠・出産の際に親身で相談に乗ってくれる人がいない「人間関係の貧困」です。

◆年収300万円以下が6割

　3つの貧困の背景にあるのは、「女は家庭」を原則とする社会です。

　働く女性の半分以上は派遣労働やパート労働など不安定な短期契約の非正社員です。これらは女性が夫に養われることを前提にした低賃金の働き方で、週40時間の法定労働時間働いても、年200万円台の年収しか稼げない人が少なくありません。

　正社員の場合でも、昇進格差などから、女性の平均賃金は時給ベースで男性の6割台にとどまっています。その結果、09年の国税庁の調査では、年間給与300万円以下の女性は、男性の25％に比べ、68％、同200万円以下は、男性の11％に比べ、45％にのぼります。

　経済的に男性に依存せざるをえないしくみが続く中で、女性は家庭外とのつきあいを狭められがちになり、これが、社会全体の人間関係の希薄化とあいまって、望まない妊娠などの深刻な事態に際しても、相談相手がいないという「人間関係の貧困」を招いています。加えて、90年代末ごろから、女性

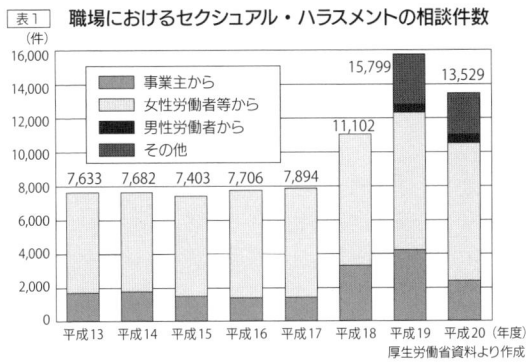

表1 職場におけるセクシュアル・ハラスメントの相談件数
厚生労働省資料より作成

の自立に批判的な保守グループや議員などによる性教育への批判が強まり、性をめぐる適切な情報提供は、むしろ狭められる傾向さえ強まっています。

　こうした女性特有の貧困は、シングルマザーを直撃しています。子どもを育てるため世帯主賃金が必要なのに、女性であるため夫の扶養が前提の「お小遣い」程度の賃金しか稼げず、同時に、財政難のしわ寄せで福祉政策のサポートも受けられない、という挟み撃ちにあっているからです。

　こうした女性の貧困は、高齢の女性にも影響を及ぼしています。内閣府の2008年の調査では、55〜74歳の単身女性の4人に1人、離婚のばあいは、3人に1人が年収120万円未満で、単身男性の17％に比べ、収入の低さが際立ちます。低賃金が低年金につながり、夫の年金頼みのしくみのなかで、今後、単身女性の老後の貧困は、一段と深刻化するおそれがあります。

◆暴力が追い討ちをかける

　追い討ちをかけるのが、女性への暴力です。08年の内閣府の調査では、夫からののしられたり殴られたりするDV（ドメスティック・バイオレンス）は、女性の3人に1人が受け、また、恋人からのDVも問題になっています。

　暴力を受け続けると自尊心が損なわれ、自信を持って社会の中で力を発揮できなくなりがちです。DVで仕事をやめざるをえなくなったうえに、自分の貯金をはたいて建てた持ち家から逃げ出さざるをえず、貧困におちいった例もあります。逃げ出した後も夫を恐れて定住できず、安心して働けない例も少なくありません。DVが貧困をつくるのです。

　女性への暴力では、セクシュアルハラスメント（セクハラ＝性的嫌がらせ）も貧困の温床となっています。都道府県の労働局男女雇用均等室に寄せられたセクハラ相談は増える傾向をたどっています（表1）。セクハラは、仕事を失わせるばかりでなく、その結果、うつ病などの精神疾患にかかり、回復し

ないまま、働けなくなる例も少なくありません。

　厚生労働省の調査では、女性の路上生活者は２％程度にとどまっていますが、これも、女性は暴力の被害にあいやすく、路上に出にくいからではないかと見られています。路上で暮らす女性たちの体験談からは、夜も横にならず座ったまま寝る、男性が来ない場所をさがして駅の女性用トイレに寝るなど、隠れながらの生活が浮かんできます。路上生活者が販売する雑誌「ビッグイシュー」の編集部は、女性は路上生活者であることが知られると危険なので、路上生活であることを公言して街頭販売する同誌の手法は勧めにくいと話しています。暴力は、路上でも女性の経済力の妨げとなっているのです。

◆女性の貧困を見えるものに

　問題は、こうした女性の貧困が、きわめて見えにくいことです。低賃金の非正規労働が放置されたのは、女性は男性に養ってもらえるので安くても困らない、という思い込みがあったからです。こうした「女は男からお金をもらえばいい」という社会の「常識」は、性暴力の被害の深刻さが見過ごされる結果も招きました。DVを「愛されている証」、セクハラを「モテる証」とする言説は後を絶ちませんが、男性に介入されることは、女性の価値が上がること、すなわち、「男性からお金をもらえる女性の証明」とされてきたからです。

　こうした事態を打開するには、まず女性たちが協力し、「女性の貧困」を見えるようにしていく試みが不可欠です。08年９月、「女性で安心、貧乏でも安心」を合言葉に「女性と貧困ネットワーク」が発足しました。シングルマザーや女性のフリーター、路上生活の女性などが参加し、女性の生活保護申請に同行したり、悩みを語り合う会を開いたりして情報を共有し、当事者の立場からの政策提言にも乗り出しています。

「女性と貧困ネットワークの発足集会」（2008年9月）

　内閣府も2010年、生活困難を抱える男女に関する検討会報告をまとめるなど、女性の貧困問題に踏み出しました。

◆安心のしくみの構築へ

　こうした女性の貧困は、政策によっても温存されてきた面があります。1985年に制定された男女雇用機会均等法は、職場の男女平等と引き替えに女性の深夜勤の規制などの保護を撤廃し、男女共に残業が恒常化しました。そんな長時間労働についていけない女性の受け皿として同年、労働者派遣法が制定され、「主婦年金」といわれる第3号被保険者制度も創設されました。

　やがて派遣労働は極端に不安定な働き方として男性も含めた貧困の温床と言われるようになりました。「第3号被保険者」として男性の扶養下にとどまるため、一定の賃金を超えないよう働く女性も増え、パートの低賃金化が促されました。女性の経済力が低いため、男性は自分が失職すれば一家が路頭に迷うという重圧を受け続け、長時間労働を拒否しにくい状況におかれています。

　こうしたしくみを切り替え、パートでも派遣労働でも、男性でも女性でも同じ価値の労働なら同じ賃金（同一価値労働同一賃金・60ページ参照）を徹底していくことは、貧困の解決に不可欠です。また、性差別が貧困にどのような影を落としているかを究明する「貧困のジェンダー分析」を政府に求めること、DV被害者のための24時間ホットラインや、女性の路上生活者を支える施設の整備、家庭と両立できる労働時間や介護・保育サービスなど、女性が安心して力を発揮できる施策が必要です。

　女性の経済力や自己決定力を高めることで男性も重圧から解放され、男女とも安心して生きられるしくみを求める視点を、反貧困運動に取り込んでいくことが問われています。（竹信三恵子）

06

ひとり親と子どもたちが生きやすい社会づくり

◆時間もお金もない、健康も悪化

　ひとり親（母子家庭・父子家庭）の家庭の生活というのは、経済的にも、社会的にも、ひじょうに苦しい生活をしています。

　まず、経済状況をみていくと、シングルマザーの年間平均収入は213万円です（児童扶養手当や遺族年金、養育費などを入れた金額）。シングルファーザーは421万円です（2006年）。子どもがいる世帯の平均年収は約700万円（国民生活基礎調査）ですから、それぞれ3分の1、あるいは3分の2であり、とくにシングルマザーの年収が非常に少ないことがわかります。

　そして親が1人で、家事育児と仕事をやりくりしなければならないので、時間も足りず、いつも追いまくられています。子どものためにがんばっているのですけれど、その子どもと一緒にすごす時間もとれないのです。シングルマザーの平均の育児時間は46分という調査もあります。シングルマザーも働くお父さん化しているのです。

　シングルマザーは85％が、シングルファーザーも90％が働いていますが、シングルマザーはパートやアルバイトなど、非正規でしか働けない人が全体の半分以上で、低収入です。シングルファーザーの方も、子どもの面倒をみるためには、残業して夜遅くまで働くようなことができないので、その分、給料は少ないままです。また最近はがんばって働いてきた人でもリストラや雇い止めなどにあい、仕事を失うことも増えてきました。

　住環境をみてみましょう。持ち家は少なく、狭いアパート暮らしが多いのですが、民間の賃貸アパートなので家賃が高く、収入の半分は家賃に消えてしまいます。公営住宅に入居できれば、家賃が安くなりもっと暮らしは楽になりますが、条件がきびしかったり、待機者も多く、簡単に入居できません。

　そのような状況で、休む間もなく会社でも家でも働き続け、ストレスもた

ひとり親に支給される生活保護の母子加算は、2009年3月に全廃されたが、その後復活した。(2009年7月東京千代田区)

まるせいか、ひとり親の健康状態も悪化しています。ある調査では、健康状態が悪くなった、と答えた人が半数を超えていました。うつ病など心の病になっている人も多いのです。それでも多くのひとり親は必死に働いています。

◆ひとり親が増えている理由

おもに離婚の増加によってひとり親は増えています。現在、シングルマザーは約120万世帯、シングルファーザーは約9万世帯です（これは親族と同居している世帯も含めた数字で2006年調査のもの）。

では、なぜ離婚が増えてきたのでしょう。女性が社会進出して「わがまま」になったからだ、という意見を言う人がいます。でも、離婚相談で会う人たちの話をよく聞いていると、暴力や多重債務など我慢してきたけれどこれ以上我慢したら、子どもたちにも悪い影響があると思って離婚に踏み切る人たちです。

離婚の原因を聞いていくと、経済不況が家族に影を落としていると推測できます。人間を大切に扱わない職場が増えたので、ストレスのはけ口が暴力となって妻に向かう夫や、派遣切りにあって、収入が減ってもなかなかそれを家族に言えず借金を重ねてしまい、離婚にいたる人など、社会のありようが家族にも押し寄せているのではないでしょうか。

◆子どもがたいへん

子どもたちもたいへんです。お金がなければ、塾に通うこともできないし、友達が持っているものも買ってもらえないで我慢しています。親が忙しいから家事もやらなければなりません。最近では高校の授業料や修学旅行代などを払えず、卒業証書がもらえない子どもたちもいます。

そもそも、両親が離婚して、どちらかの親と別れて暮らすようになってつ

らい思いをし、さらに引っ越しで学校が変わることもあって生活が激変するのに、その後も一緒に暮らす母親か父親は仕事と生活で大変で、あまり子どもたちの面倒をみるゆとりがありません。

また、子どもが会いたくても（会いたくないこともあります）、別れた親との交流も安心してできるような状況がありません。

そして別れた親が養育費などを、途絶えさせてしまうことが多く（支払い続けているのはたった19%）、そのことによって、ひとり親家庭の経済が困窮することにもなっています。

◆追い打ちをかけるひとり親家族への偏見や差別という問題

ひとり親は増えてきたとはいえ、まだ少数派です。だから、ひとり親に対して、いろいろな偏見があります。たとえば、離婚したことは本人が悪いという見方があったり、シングルマザーだとセクハラを受けやすかったり、福祉を利用しているのに新しい服を買うのはおかしいなどという偏見です。

そして差別という点では、結婚しないで子どもを産んだ非婚の母（父）や子どもに対する差別がもっともきびしいものといえるでしょう。子どもは親を選べません。日本には結婚していない男女から生まれた子どもである婚外子を差別する戸籍制度や民法があり、法的にも差別が温存されてきたのです。その後、戸籍の続柄が婚内子と同様になったことで、戸籍上の差別はほぼなくなりましたが、民法の相続分については法改正されていないので、同じ親から生まれても婚外子は、婚内子の2分の1の相続分しか認められていないのです。

児童手当削減の廃止を求めてパフォーマンスをしている（2007年10月14日　東京青山）

◆現状を変えていく施策を

　まず経済的な問題を解決することが先決です。現在シングルマザーには、児童扶養手当という手当が支給されています。児童扶養手当というのは、母子家庭などに支給される手当で、満額で子ども1人で約4万円が支給され、大きな収入の支えとなっています。この手当は最近シングルファーザーにも支給されるようになってきました。また、もっとたいへんな世帯には生活保護を活用すべきです。

　また住宅の問題があります。シングルマザーの多くは持ち家を持っていないので、家賃負担が大きくて困窮する原因となっています。公営住宅に入居しやすくするとか、家賃補助があるとか、住宅への援助が必要です（24ページ参照）。

　そして仕事の問題です。働く場では、男女の賃金差別や正規と非正規の賃金格差をなくし、同一価値労働同一賃金を実現していくことが必要です（60ページ参照）。そして、失業しても、生活に困らないように、新たな職業訓練を受けながら、新しい仕事に就けるような支援も必要です（52ページ参照）。

　子どもへの支援も重要です。ひとり親の実情に合わせて対応できるような保育園や学童保育、小中学校の義務教育時の就学援助を拡大していくこと、高等教育を無償化していくことなどがあげられます。

　離婚や非婚でひとり親になることが、生きることの1つの選択肢として考えられていけば、ひとり親を異常なこととして排除したり、差別したりせずに受け入れられていくのではないでしょうか。そして、どんな家庭に育っても、平等で、子どもが希望を持てるような社会にしなければなりません。そのためには子どもの成長や教育にかかる部分に国が全面的に支援する必要があります。（赤石千衣子）

第1章 安全・安心な生活を保障するセーフティネット

07
住宅弱者が安心して暮らす
しくみづくり

◆ 「追い出し屋」による被害が拡大

　2009年4月15日と16日、家賃滞納を理由に鍵交換や荷物撤去などの被害を受けたとして、東京・大阪など4都府県の男女8人が家賃保証会社や管理会社などに損害賠償を求めて一斉提訴しました。

　大阪府東大阪市のアパートに暮らしていた50代の男性は、流通会社の内定を取り消されたため、2ヵ月分の家賃を滞納。家賃保証会社が1回、警告の貼り紙を貼っただけで家財道具をすべて持ち去ってしまったため、男性は24時間のファストフード店で夜を過ごさざるをえなくなったと言います。

　また、雇い止めにあった大阪府茨木市の30代の男性は、鍵を取り替えられたため、ネットカフェや駅などで4日間を過ごし、トイレで水を飲んで空腹をしのぎました。

　賃貸借家宅の借家人は借地借家法により居住権が守られているため、1、2ヵ月程度の家賃滞納で追い出すことは法的には認められません。しかし近年、家賃保証会社やサブリース（また貸し）業者など民間賃貸住宅市場にさまざまな業者が参入し、営利を優先するあまり強引な取り立てや追い出し行為におよぶケースが増えており、「追い出し屋」と恐れられています。国民生活センターに寄せられた家賃保証業務をめぐるトラブル相談の件数は、2009年度には約600件と、5年前の10倍以上に達しています。

　消費者金融などによる悪質な取り立てに抗議し、貸金業の規制強化に取り組んできた法律家たちは、国による規制が厳しくなった貸金業者の一部が規制のない家賃保証業界に参入してきている、と指摘しています。家賃保証会社の中には、貸金業のノウハウを生かし、滞納家賃に消費者契約法に基づく上限金利（年利14.6％）を上回る金利をかけて悪質な取り立てを行なう業者もあります。

図1　追い出し屋規制法案の概要

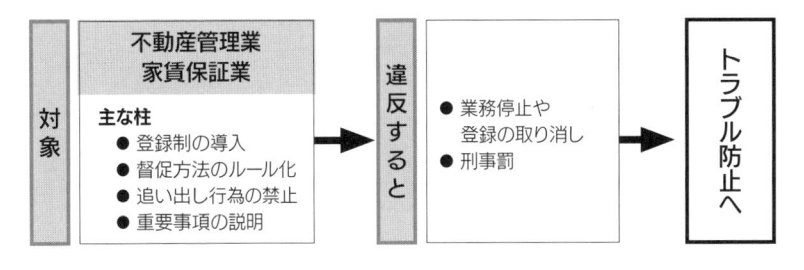

◆定期借家制度は解決になるのか

「追い出し屋」被害の拡大に対して、政府は「追い出し屋規制法案」(図1)を国会に提出し、2009年4月、同法案は参議院本会議において全会一致で可決されました(2011年4月末現在、衆議院で継続審議中)。しかし、家主の団体などは追い出し行為への規制に反対し、「代わりに定期借家制度を推進すれば、簡便に合法的に退去させられる」「家賃滞納歴など入居者の信用情報をデータベース化すれば、家主がリスクを軽減できる」などと主張しており、実際、家賃保証会社の一部は家賃滞納者のデータベース化を行なう業界団体を立ち上げました。

では、定期借家制度が普及し、業者が借家人の情報をデータベース化して活用するようになると、どのような影響があるのでしょうか。

定期借家制度は不動産業界団体の後押しによって、借家人団体などの反対を押し切って2000年に導入されました。従来型の賃貸借契約が借家人の居住権を保障し、家主都合による立ち退きを制限していたのに対して、定期借家制度では期間内に契約が終了し、家主が再契約に応じなければ借家人は部屋を出て行かなくてはなりません。経済力がある人であれば、すぐに次の部屋を見つけることも難しくはないでしょうが、低所得者にとっては住居を喪失する危険が常に伴うことになります。

しかも、日本の不動産業界には高齢者や障害者、外国人、シングルマザー、性的なマイノリティなどの人びとに対する入居差別が根強くあります。とくに高齢者に対する差別は深刻で、日本賃貸住宅協会による家主へのアンケートによると、「単身の高齢者は不可」とした家主が8.4%、「高齢者のみの世帯は不可」と答えた家主が7.1%もいます。実際には「不可」と明言しなくても、婉曲に断る家主も多いので、かなりの住宅が高齢者を拒絶している現

図2 生活保護費を狙った貧困ビジネスの手口の一例

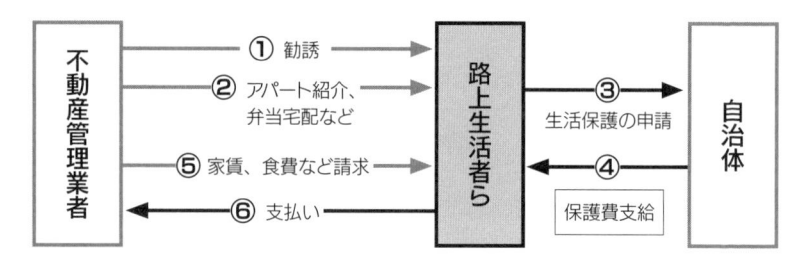

```
不動産管理業者  ①勧誘→             路上生活者ら
               ②アパート紹介、→
                 弁当宅配など
                                    ③生活保護の申請→  自治体
               ⑤家賃、食費など請求→
                                    ←④
               ←⑥支払い              保護費支給
```

状があると推測されます。

　現在、定期借家制度は全体の5％程度しか普及していませんが、不動産業者のなかには、入居差別を受けやすい層をターゲットにして6ヵ月間とか1年間という短期の定期借家契約を結ばせる業者もあります。低所得の高齢者などの住宅弱者が、「他に入れてくれるところがないから」という理由でこうした住居に入居してしまった場合、少しでも家賃を滞納してしまうと、その理由が「救急入院をして銀行に行けなかった」などのやむをえない理由であったとしても、期間終了後に再契約できる可能性が低くなります。しかも、滞納情報を管理するデータベースができれば、次の部屋探しも困難になり、ホームレス化してしまう危険が高くなるのです。

　定期借家の推進やデータベース化は、不動産業界全体が「追い出し屋」になろうとすることにほかならないのです。

◆路上生活者を狙う貧困ビジネス

　では、「追い出し屋」によって住まいを失った人びとはどのような状況に追い込まれるのでしょうか。

　いったん路上生活におちいってしまうと、再び住宅を確保するのは至難の業です。住所を喪失することで就職活動は不利になり、福祉事務所の窓口に行っても差別的な対応を受けることが多くなります。野宿状態であるがために、野宿から抜け出せないという悪循環におちいり、さらにその状況につけこもうとする業者が現れます。

　1990年代末以降、大都市圏では路上生活者に「施設に入所すれば生活保護がとれる」と声をかけ、生活保護を受給させた上で保護費の大半を宿泊費・食費などの名目で徴収する業者が増加しており、入所者の知らないところで保護費がピンハネされているケースも発覚しています（図2）。

こうした宿泊所には社会福祉法に基づく無料低額宿泊所の届け出が必要ですが、無届けの施設だけでなく届け出がなされている施設でも問題が噴出したため、厚生労働省は改めて施設の実態調査を開始しています。

　そして、こうした「宿泊所ビジネス」がさらに悪質化した例として、千葉県内に展開するシナジーライフという任意団体があります。この団体は、千葉県内や東京都内で路上生活者に「生活保護が受けられ、3食も大丈夫」などと声をかけ、千葉市内でアパートを借りさせた上で生活保護費を申請。入居者から月4～5万円の家賃の他に、5万円程度を食費などの名目で徴収していましたが、実際には食費といっても月に白米が10キロ届けられるだけであったことが判明しました。被害者は約200人いると見られています。

　2010年11月、シナジーライフの入居者ら5人が大和田正弘代表に、保護費の一部や慰謝料など計約2231万円の支払いを求める訴えを千葉地裁に起こしました。

◆急がれる入居差別を禁止する法律の制定

　こうした業者に対しては規制も必要ですが、次から次に新たな貧困ビジネスが登場する背景には、適切な住まいへのアクセスを奪われた人びとが社会階層として存在する、という状況自体が貧困ビジネスを呼び込んでいるという状況があります。

　貧困ビジネスの温床を断ち切るためには、公的な住宅政策を拡充させるだけではなく、「追い出し屋」を規制して、定期借家制度を廃止する、入居差別を禁止する法律を制定するなど、民間の賃貸借市場に対してさまざまな公的な介入をしていく必要があります。市場に任せていては住宅弱者の権利は守られないことを政府は知るべきです。（稲葉　剛）

第1章 安全・安心な生活を保障するセーフティネット

08
年間3万人以上の自殺者をなくしていくしくみをつくる

◆戦争と同じように大量に人が死ぬ日本社会

　年間自殺者3万人超の時代の幕開けを告げる事件が、1998年2月26日に起こっていました。東京都や横浜市でカー用品関連の会社を手がけていた3人の経営者が、都内国立市のラブホテルに別々の部屋を取り、それぞれ首を吊って死んでいたのです。

　いずれの会社も有力企業でした。当時の報道によれば、3人は商取引を通じた20年来の友人同士だったのですが、バブル崩壊で相次いで経営難に陥り、折から常態化した銀行の貸し渋りにも、手形を融通し合って対応。やがて万策尽き、共倒れの運命を辿ってしまったということのようです。

　この"「貸し渋り」集団自殺"（『サンデー毎日』の命名）が引き金になったかのようにして、以来、中小・零細企業の経営者たちの自殺が目立ち始めます。前年（1997年）からの貸し渋り、場合によっては貸しはがしとまで形容された金融機関全般の融資姿勢に加え、いわゆる金融ビッグバンが加速していく過程で、北海道拓殖銀行や山一證券、日本長期信用銀行などが次々に破綻していった奔流の、自殺ラッシュもまた現われだったと思われます。

　金融ビッグバンだけではありません。格差や貧困の問題をはじめ、後にあまりにも多くの弊害を生み出すことになる構造改革と自殺者の激増とは深く、かつ複雑な相関関係が絡み合っています。おそらくは本書が一刻も早いセーフティネットづくりをと求めざるを得なくなった矛盾の数々が、年間自殺者3万人超の時代をもたらしたと断じて差し支えないでしょう。

◆自殺者の動向

　年間の自殺者が13年連続で3万人を超え続けています。警察庁の統計によると、かつて年間2万人から2万5000人前後で推移していた日本の自殺

表1　年次別自殺者数

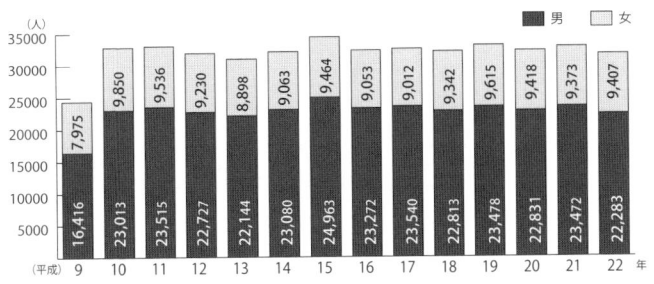

(平成)	9	10	11	12	13	14	15	16	17	18	19	20	21	22	年
女	7,975	9,850	9,536	9,230	8,898	9,063	9,464	9,053	9,012	9,342	9,615	9,418	9,373	9,407	
男	16,416	23,013	23,515	22,727	22,144	23,080	24,963	23,272	23,540	22,813	23,478	22,831	23,472	22,283	

出典：警視庁の統計資料（平成23年3月）より

者数は、1998年に3万2863人（前年より8472人増）で3万人の大台を突破して以来、その水準を下回ることがありません。2010年は3万1690人で、前年より1155人（3.5％）減少し、2002年以降では2番目に少なかったとされていますが、"たまたま"の感が強く、今後、再び増加に転じない保証はなにもないようです（表1）。

年間3万人ということは、1日当たりで82人強。死亡原因の第6位であり、交通事故死の（24時間以内）のざっと6倍にもなります。絶対数だけの比較なら人口の多い国ほど多くなる理屈ですが、日本は人口10万人を母数として計算した自殺率でも、日本は常に先進国のワーストワンを争っているのが実態なのです。

13年間、ほぼ同じ傾向が続いています。自殺者の70％前後は男性で、年齢別では50歳代、60歳代、40歳代、30歳代の順。「無職者」が過半を占め、「被雇用者・勤め人」「自営業・家族従事者」「学生・生徒等」と続く職業別の順位も変わることがありません。

自殺の原因や動機についても同様です。「健康問題」を筆頭に、「経済・生活問題」「家庭問題」「勤務問題」などで追い詰められた自殺者たちの姿を警察庁の統計は示してくれていますが、亡くなってしまった人びとの内面を正確に把握することは不可能です（図1）。これらはあくまでも遺書などから導かれた便宜上の推定でしかないし、そもそもこうして、人間の生き死にを数字やデータで論ずること自体が不遜な振る舞いであることも、言うまでもありません。

それでも——。

日本は今や自殺大国なのです。もうこれ以上は生きていたくないと、かけがえのないはずの自分の命を絶ち切ってしまう人びとの割合が、おそらくは世界で最も高い国のひとつが日本なのだという現実を、わたしたちはよくよ

く承知しておく必要があると思われます。

　承知した上で、では、どうすべきなのかが次の課題になります。いつの時代にもある不可避の悲劇と割り切って済ませる考え方もありえます。実際、自殺はどこまでも個人の問題だとして、故人の"弱さ"ばかりを責め立てる発想が、この国では根強いようでもあります。

　しかし、はたしてそれでよいのでしょうか。ある時期を境に自殺者が急激に増え、そのまま高止まりで推移している事態には、何らかの社会的、時代的背景があるに違いありません。とすれば自殺を減らすことは可能です。いいえ、なくなるように努力することも。自殺大国の背景を探り出し、改善していけばよいのですから。

◆いくつもの要因の連鎖の結果としての自殺

　2006年6月に国会で「自殺対策基本法」が可決・成立し、同年10月に施行されました。自殺対策支援を掲げるNPOなどの要請を受けた超党派の議員連盟による議員立法です。第1条に〈自殺対策を総合的に推進して、自殺の防止を図り、あわせて自殺者の親族等に対する支援の充実を図り、もって国民が健康で生きがいを持って暮らすことのできる社会の実現に寄与すること〉が目的であると謳い、そのためにはと基本理念などを定め、国や地方自治体、事業主などの自殺対策に関する責務を規定しています。これに伴い、内閣府に内閣官房長官を会長とし、関係省庁の大臣らを委員とする「自殺対策総合会議」が設置され、翌2007年6月には政府が推進する自殺対策の指針「自殺総合対策大綱」が閣議決定されました。要するに、国を挙げて自殺対策に取り組む態勢が、かなり前から打ち出されているのです。

　"友愛"を掲げて政権交代を果たした民主党政権は、自民党政権よりも自殺対策に熱心な取り組みを示しているように見えます。2009年11月に内閣

図1 自殺の原因や動機の複雑な様相

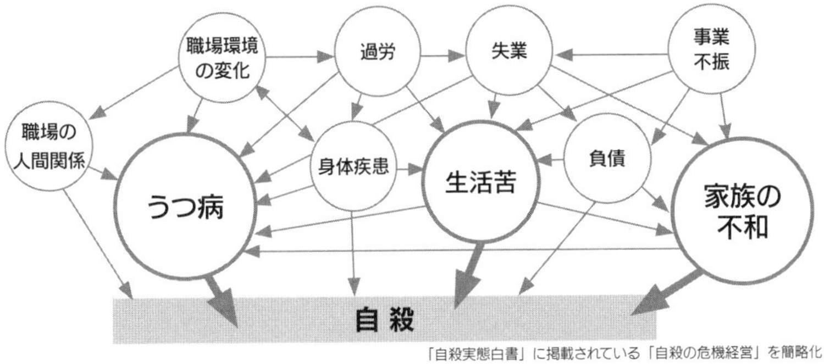

「自殺実態白書」に掲載されている「自殺の危機経路」を簡略化

府の政務3役と内閣府本府参与で構成する「自殺対策緊急戦略チーム」が「自殺対策100日プラン」を取りまとめ、これを受けた「いのちを守る自殺対策緊急プラン」を2010年2月に閣議決定。9月には「自殺対策タスクフォース」を設置して、以下のような具体的な動きを急いでいます。

1 相談体制の充実
　① 都道府県が行なう心の健康相談へのハローワークの協力・ハローワークの住居・生活支援アドバイザーによる相談機関への誘導（厚生労働省）
　② 中小企業経営者向け相談体制の充実（経済産業省）
　③ 多重債務者向けの相談窓口の整備・強化（金融庁、消費者庁）
　④ 人権相談の推進（法務省）
2 全国的な啓発活動の展開、一層の情報提供の強化（略）
3 推進体制の強化等
　① 内閣府の機能強化（内閣府）
　② 国家公務員及び地方公務員のメンタルヘルス対策（総務省）

いまひとつまわりくどい印象で、具体的な取り組みがイメージしにくいきらいがないとは言えません。まだまだ実効を云々する段階でもありませんが、とはいえ、とりあえず予算と人員が割かれた現実は、まぎれもなく一歩前進です。法の後ろ盾を得たことで、たとえばNPOを中心とする「自殺実態解析プロジェクトチーム」の実態調査に警察庁などの関係機関が協力してくれるようになりました。彼らが2008年にまとめた『自殺実態白書』は、膨大な聞き取りの結果、自殺がいくつもの要因の連鎖の結果として招かれている実態を詳らかにしています。無職者なら〈身体疾患→休職→失業→生活苦→多重債務→うつ病→自殺〉、被雇用者であれば〈配置転換→過労＋職場の人間

関係→うつ病→自殺〉などといった具合です。先に紹介した警察庁の統計だけでは曖昧で、対策を講ずるには不十分だった部分が、少しずつではあるけれど、埋められつつあるとは言えるでしょう。

◆重い腰をあげた自治体の対策

　各地の自治体でも本腰が入り始めました。以前にも秋田県が自殺率日本一の汚名を返上しようと対策を急ぎ、かなりの成果を挙げた事例がありましたが、最近では行政内部の横断的連携、さらには外部の弁護士や医療機関との関係強化を積極的に進める事例が増えているようです。大阪府の堺市ではそのための「いのちの応援係」を立ち上げて６人の係員を投入し、警察署から自殺未遂者の情報を受けては必要な窓口への仲介の労を取っていますし、東京都の足立区では、区役所を訪れた人に接する職員を"ゲートキーパー"と位置づけ、自殺の兆候を見抜いて支援に繋げたいとしています。

　ただ、いずれも所詮は対症療法です。行政が個人の生活に介入しすぎれば別の問題も生じてしまいます。それはそれとして、自殺をなくしていくために最も必要なのは、何よりも立場の異なる人間同士が共感し、連帯し合うことのできる、共同体としての社会の再構築。特定の層が排除されない公共空間の創造。そう簡単に実現できる理想でないのはわかりきっていても、少なくともそのような世の中を目指そうとする、社会的かつ政治的な合意ではないでしょうか。

◆自殺をなくすために国がすべきこと

　構造改革の時代は酷すぎました。なにしろ「弱肉強食・適者生存」が国是だったのです。人間社会など畢竟、賢い者が蓄財し、強い者が生き残るものではあるのかもしれません。けれども権力がそう言って開き直り、そんな暴

政を国民が支持してしまったらおしまいでしょう。人間は平等な存在で、だからこそ公正でなければならないという建前さえない獣以下の世界に成り果てていたから、年間自殺者13年連続3万人の無惨もあるのです。だからまず、そのような時代からの脱却を、時の政権なり政府なりに宣言させることから始める。

　具体的な政策でも企業の労務管理でも、やってよいことと悪いことの基準が明確にされなければならないということです。サラリーマンに無償の残業や休日出勤を促す結果が確実に招かれる「ホワイトカラー・エグゼンプション」は導入するべきでない、「消費税」は取引先や顧客、競争相手との力関係でどこにも転嫁できない中小・零細の事業者だけに負担を強いるアンフェアなしくみなので（なぜかマスコミにはまったく報じられていませんが）、安易な税率アップなどとんでもないというような論点もあります。人間はどうせ死ぬのですから、誰もわざわざ自殺などしたくない社会づくりを目標にした途端、いろいろな問題の本質が見えてくるはずです。

　そう考えていくと、民主党政権が本気で自殺の少ない社会を構想しているかどうかは疑問です。対症療法や相談体制、担当官庁の機能強化には情熱を傾ける一方で、構造改革の弊害を批判していた政権交代前後の姿勢はいつの間にか失われ、またしても「弱肉強食・適者生存」の世の中を理想視して、その方向に向かって日本丸の舵を切り出しているのではないかという見方が、2011年の年明けから噴出しているからです。この問題を詳しく報じた『東京新聞』1月6日付特報面は、〈「小泉化」する菅政権／米に追随外交　構造改革回帰／TPP、法人税減税……財界べったり／抵抗勢力たたき求心力／劇場型政治〉の大見出しまで掲げたほどです。こうした見方が的中しているとすれば、自殺者はこれからも増え続けることが必定です。不安は尽きません。（斎藤貴男）

COLUMN 1　多重債務者のセーフティネット

　多重債務者というのは、消費者金融やクレジットなどからの借金が膨らんで返済が難しくなった人のことです。埼玉県に住む上原高志さん（42歳、タクシー乗務員）も約2800万円の借金を抱えていました。借金の理由は、約2000万円の住宅ローンに加え、上原さんが当時営んでいた塗装業の運転資金です。

　借金は雪だるま式に増え、気がつくとヤミ金にも手を出していました。追い詰められた上原さんは自殺を図りますが死に切れず、行政の紹介で、サラ金ヤミ金被害の救済にあたっている市民団体・夜明けの会に出会います。

　このとき役立ったのが緊急小口資金でした。緊急小口資金は、生活困窮者に対し10万円を限度に担保・保証人なしにすぐ貸す制度です。「社会福祉協議会（社協）の窓口で親身に相談にのってくれ、助かりました」と上原さんは振り返ります。

　自己破産した上原さんは、派遣会社で働きながら安定した職を探します。今度は引っ越した先の社協に出向きますが、今度は「ここでは何もできません」と冷たい対応。上原さんは「必要なときすぐに使える『支え』があれば、安定した職も探せます。そうでないと日払い仕事から抜け出せない」と言います。

　借金を法的に整理する「自己破産」や「個人版民事再生」も、多重債務問題に対する一種のセーフティネットといえます。しかし、借金がなくなっても、「借金の原因」は残ります。

　困ったときに低利で借りられる「セーフティネット貸付」の柱と期待されるのが、生活福祉貸付制度です。2009年10月から制度が見直され、連帯保証人なしに借りられ、使途を限定しない「総合支援資金」が設けられました。もちろん、返済が無理な生活困窮者には、生活保護など支給型の支援が不可欠です。

　労働金庫や一部の生活協同組合もセーフティネット貸付で成果をあげています。お金を貸すだけでなく、きめ細かく相談にのりながら暮らしの再生をサポートしているのが成功の鍵のようです。

　夜明けの会のような多重債務者の自助グループ（被害者の会とも言います）も重要です。そうした会では、借金に苦しんでいる人や苦しんだ経験を持つ人が集まって経験を交流し、生活再建に向けて励まし合っています。金城学院大学の大山小夜准教授（社会学）は「消費者金融という"偽りの友"と別れ、"真の友"と出会う過程」と呼んでいます。（北　健一）

第2章

安心して働くことを保障するセーフティネット

第2章　安心して働くことを保障するセーフティネット

09
働くルールを強化する

◆ルールを守らせる機能が衰えている

　人が働くには、さまざまなルールが必要です。労働者は「人間」ですから、目先の経済効率のためにモノのように使い捨てられることがあってはなりません。労働時間が長すぎて労働者が過労死したり、子育てができなかったりすれば、良質な働き手や次世代の労働力の確保もできなくなり、経済自体にもマイナスとなります。こうした反省から、19世紀の産業革命下で劣悪な工場労働が問題にされ、1日8時間労働などを原則とする労働のルールが確立しました。しかしいま、日本では、こうした働くルールが無視される事態が相次いでいます。

　08年7月に廃業した日雇い派遣最大手のグッドウィルは、規制緩和の流れに乗り、ピーク時には全国に1000以上の支店を構えるほど急拡大しました。しかし、現場での社員教育が追いつかず、「残業代未払いや就業条件の明示がないなど、労働法違反のデパートだった」との証言も聞かれます（元支店長の20代男性）。同社が廃業する引き金になったのは、違法な二重派遣による職業安定法違反の有罪確定でした。業界2位のフルキャストも2度にわたって事業停止命令を受け、08年10月、日雇い派遣事業からの撤退を表明しました。

　99年に派遣労働が原則解禁され、04年には製造業への派遣が解禁されるなど規制緩和が進む中、各地の労働局が派遣法違反で指導した件数は、03年度の1002件から07年度は6524件に急増しました。しかし、事業停止命令は8件にとどまりました。「支店が労働局に改善策を示せば、それで済ませてもらえることも多かった。全社をあげて改善をめざすという動きにはつながりにくかった」と、行政の指導の甘さを指摘する証言も、元支店長から出ています。

表1　労働組合の組織率

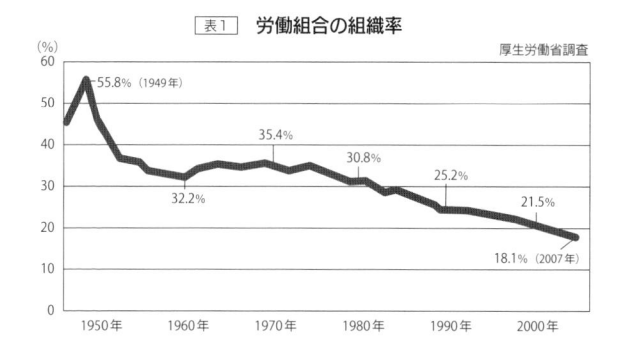

厚生労働省調査

55.8%（1949年）
32.2%
35.4%
30.8%
25.2%
21.5%
18.1%（2007年）

　派遣労働者だけではありません。08年9月のリーマンショック後は、正社員の解雇が相次ぎました。人は働いて賃金をもらうことが生存の基本です。このため、解雇を避けるためにさまざまな手を尽くしたうえでなければ、解雇は認められないという判例も出ています。ところが、当時、労使交渉にあたった東京管理職ユニオンによると、「解雇の要件は満たしているか」と聞くと、多くが「それは何ですか」とけげんな顔で答える使用者が多かったそうです。生活の基本のはずの働くルールは忘れ去られてしまったかのようです。

◆なぜルールが守られないのか

　働き手は、経営側に対して、弱い立場にあります。働く側が団結して対抗しなければ、労働条件を引き上げることはできません。
　これまで、労働環境の悪化に歯止めをかけ、企業にルールを守らせる役割を担ってきたのは、労働組合でした。日本の労組は、会社ごとに正社員を組織するしくみが主流です。ところが、会社は、解雇や労働条件の引き下げをしやすい非正社員を増やし続け、その割合は、働き手の3人に1人にまで達しました。そんな中で、会社ごとに正社員を中心に組織してきた労組の組織率は低下を続け、09年には18％台と5人に1人以下の働き手しか加入していない状態になっています（表1）。さらに、成果主義の導入など賃金や労働条件を個別に決める企業が増え、企業内の労組に入っていても、一律に解決を図ることが難しくなっています。
　派遣労働の規制緩和などの旗振り役を務めた総合規制改革会議（当時）が03年末、小泉首相（同）に提出した答申には「雇用・労働分野の規制緩和は、事後チェック機能が有効に働いてこそ労働者の利益となる」と記されています。しかし、こうした「事後チェック」を担い、組織率の落ちた労組に代わって、一人ひとりの労働者を守るはずの監督行政の態勢は、財政難の中

で、不十分なままです。

　派遣労働を例にとると、08年度の派遣事業所数は8万3千余りで、04年度の約2.8倍に増えています。ところが、労働局で派遣労働の取り締まりを専門にする需給調整指導官の数は、04年度から約160人増えてはいるものの、08年段階で400人程度です。

　労働基準監督署で、働くための基本的なルールである労働基準法の違反がないかどうか見張る労働基準監督官も、規制緩和や公務員削減の中で減り続け、昨年の政府の発表では2700人程度に。管理職なども含めて、2011年には新規採用が3ケタから2ケタに抑えこまれ、定員割れの恐れも出ています。国際労働機関（ILO）は労働者1万人あたりに1人の監督官が必要だと提案していますが、日本は半分の約0.5人しかいません。これではルールが守られないのも無理はありません。政府の地方分権改革推進委員会は07年12月に出した国の出先機関の改革に関する第2次勧告で、国と地方の二重行政を解消すべきだとして、現在47都道府県ごとにある労働局を、全国8カ所の地方厚生局と統合する案を盛り込みました。このため、派遣事業などを監督する行政機関が身近からなくなりかねないと心配する声もあがりました。

◆レフェリーの強化が必要

　組織率の低下で、労組を通じた集団的な労使交渉が鈍る中、労使紛争は「労組対会社」から「個人対会社」へと、移りつつあります。こうした変化のなかで、個人と会社の紛争である「個別労使紛争」は増え続けています。これをスムーズに解決するために、07年には労働契約法が成立し、06年には労働審判制も始まりました。

　労働契約法は、会社と個人の紛争が激増しているため、雇用契約のルールをはっきりさせる法律が必要として制定されました。ただ、「就業規則が合理

2007年、若者たちが開いた労組を拡大するためのキャンペーン

的で周知させてあれば、働き手が合意した労働契約の内容になる」との規定をめぐり、「就業規則を意図的に公開しない会社も目立つ。立場の弱い働き手のため周知を徹底する措置がいる」など、非正社員や女性社員の加入する労組を中心に、不安の声もあがりました。これらの心配が現実のものとならないよう、今後の検証も必要です。

　一方、労働審判制は、紛争が行政機関の調停などでは解決できない場合、裁判官1人と労働問題の専門家2人で構成する労働審判委員会が原則3回以内の審理で解決を目指すものです。調停が成立しない場合は、裁判の判決と同じ効力がある審判が下されます。裁判に比べ迅速で、訴訟費用も一般の民事訴訟の半額程度です。ただ、ドイツの労働裁判所は、和解なら訴訟費用は無料、組合員なら弁護士費用を労働組合が負担するシステムが確立しています。解雇され、生活費の工面さえ難しい労働者にとって、より使いやすい仕組みに改善していくことが期待されます。

　労働基準監督官の増強をはじめとするレフェリーの強化や、新しい制度の検証だけでなく、制度や法律を使いこなせるよう個人を支援する組織は必要です。地域を基盤にして、どんな会社に所属していても個人で加入できる「ユニオン」という新しいタイプの労組が、注目されているのはそのためです。

　ユニオンは、低賃金で不安定な働き手を組織しているため、加入者の出入りが激しく、財政基盤の確立が課題です。連合の組織局長だった高橋均氏や、遠藤公嗣・明大教授は、ストライキが減り企業内労組の積み立てられた闘争資金が計約1兆2600億円にものぼることを挙げ、その一部を地域労組の活動に回すことも提案しています。こうした財政支援によって地域労組の足腰を強くすることが、企業内労組に加入できない多数の中小企業や非正規の労働者の組織率を上げ、労組全体の力を強めることになるからです。

（竹信三恵子）

10

失業しても困らないしくみをつくる

◆失業を次の人生へのステップに！

　愛知県は、2008年後半から始まった「派遣切り」が全国でも群を抜いて多かった地域です。

　そうした労働者は1人でも入れる労働組合「ユニオン」に加盟し、法律で保証されている「団体行動権」や「争議権」を使って企業と交渉を行なったり、行政と交渉して失業保険がもらえるようにすることでしのいできました。

　ところがここにきて、こうして何とか当面の生活にめどをつけたはずの人たちの失業保険が続々と切れていっています。日本の雇用保険は最大でも1年、多くの派遣労働者の場合は半年もしないうちに切れてしまうからです。雇用状況は一向に好転の兆しが見られず、仕事はなかなか見つかりません。とくに、中高年の元派遣労働者や外国人労働者の就職は困難を極めています。

　もともと正社員になれずに派遣社員として働いていた労働者が、不況で解雇や雇い止めになったときに、一生懸命仕事を探しても、「今度こそ正社員」というわけにはなかなかいきません。結局はせっかく仕事が見つかってもまた派遣社員で、すぐに簡単に解雇・雇い止めされてしまい、また失業するという悪循環に入ってしまうことが少なくないのです。

　日本は、失業保険を受給できない失業者の割合が先進国中最悪であると言われています。国連の国際労働機関（ILO）は2009年3月24日、経済危機が雇用に与えた影響についての調査報告書を発表し、失業手当を受給できない失業者の割合が日本は77％で、2番目に悪いアメリカとカナダ（同率の57％）を大きく上回っているとしています。ちなみに他の先進国では、イギリスが40％、フランスが18％、ドイツが13％で、日本は失業保険を受給していない失業者の割合が際だって高いことがわかります。

　背景には、失業期間を単に「仕事探しの期間」ととらえ、「雇用保険はでき

表1　新設された基金訓練コースの数の変遷

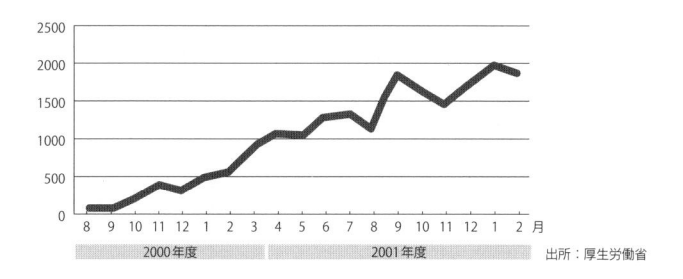

出所：厚生労働省

るだけ短く」「その間に仕事を見つけられないのは自己責任」との考え方があります。しかし、失業保険の打ち切りによって、あわてて就職しても、結局はまた失業を繰り返すことになってしまいかねません。

　失業期間を単に「仕事探しの期間」ととらえるのではなく、もっと積極的に、「スキルを高め、今度はそう簡単に失業しない労働者にステップアップする期間」とするためのしくみが必要です。そのためにも、雇用保険に加入できる対象者の拡大と失業保険の給付期間の延長、そして何より公共職業訓練の充実が求められているのです。

◆雇用保険・職業訓練・就労支援の一本化を

　ハローワークで申込みのできる公共職業訓練では、再就職に役立つ知識や技能を国が無料で習得させてくれることになっています。職業訓練を受けている間は「求職活動」をしなくても失業給付を受給できます。

　そうした条件から漏れた人たちのための「新しいセーフティネット」として、国は「緊急人材育成・就職支援基金」という制度もつくりました（図1）。これは、雇用保険を受給できない人であっても職業訓練を受けることを条件に一定期間、「訓練・生活給付金」を支給するというものです（表1）。

　この制度は、雇用保険に加入できない非正規労働者や長期失業者が増えたことを背景に、2009年に生まれました。失業手当を受給できないと安心して職業訓練を受けられず、よりよい仕事に移れないため貧困から抜け出せないという悪循環を防ぐためです。2011年9月末までの時限措置だったため、これを恒久化する「求職者支援法」が同年5月に成立しました。

　ただ一方で、公的職業訓練を担ってきた雇用・能力開発機構が、「事業仕分け」の中で廃止されることになり、低所得者も利用できる職業訓練を、今後、どう保障・充実させていくのかが課題になっています。

図1　失業者の生活費と職業訓練費支給の流れ

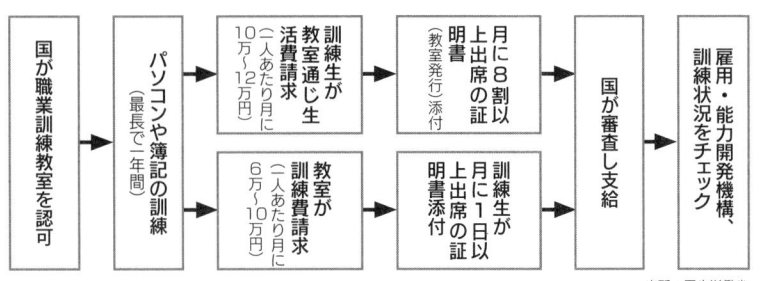

国が職業訓練教室を認可 → パソコンや簿記の訓練（最長で二年間） → 訓練生が教室通じ生活費請求（一人あたり月に10万～12万円）／教室が訓練費請求（一人あたり月に6万～10万円） → 月に8割以上出席の証明書（教室発行）添付／訓練生が月に1日以上出席の証明書添付 → 国が審査し支給 → 雇用・能力開発機構、訓練状況をチェック

出所：厚生労働省

　このような安心して職業訓練を受けられるしくみづくりに加えて、公共職業訓練の中身の改革も必要です。訓練を受けた人の間からは「訓練が就職につながらない」との不満をしばしば聞きます。経営者側にも「公共職業訓練なんて現場ではほとんど役に立たない」と公言する人がいる始末です。公共職業訓練は、実際に就職の役に立たなければ何の意味もありません。

　日本の就職現場において意外に重要視されている資格に、「普通免許」があります。実際、ハローワークで求人情報を検索すると、「必要な免許・資格」の欄に「要普通免許」と書かれている求人がいかに多いかということがわかります。普通免許を持っていない求職者は、それだけで求職の幅を大幅に狭めてしまうのです。にもかかわらず日本の公共職業訓練には、「普通免許習得コース」がありません。

　また、こうした公共職業訓練を受けることを最初から排除されている労働者もいます。日本語の得意でない外国人労働者です。彼らの多くが製造業で派遣や請負で働いており、不況のあおりで真っ先にクビを切られてしています。こうした外国人が雇用保険で公共職業訓練を受けたり、「緊急人材育成・支援基金」で職業訓練を受けようとしても、そこで「日本語の壁」が立ちはだかります。もっとも厳しい雇用環境におかれている人たちが、職業訓練を受けられないのはおかしな話です。外国人労働者のための日本語教育も、「本当に役に立つ職業訓練」の代表例といえます。

　企業での実習訓練と教育訓練機関での座学とを並行して行なうような、「学びながら働き、働きながら学ぶ」実践型の職業訓練や、実習訓練の結果次第でその企業への就職も可能な「求人セット型」の公共職業訓練の拡大も必要です。職業訓練の内容がそのまま就職にもつながるならば、学習意欲も高まります。

　要は、労働者が失業しても雇用保険などに支えられながら職業訓練を受け

て技能を高め、それがそのまま就職につながるようなしくみ、雇用保険・職業訓練・就労支援を一体化した新しいしくみを構築することが、失業しても困らない社会をつくる基礎なのです。

働き手が身につけた職業能力を記述した「ジョブカード」の充実も、1つの会社にとどまれない非正規労働者や、転職が頻繁になった正規労働者の両方にとって必要でしょう。

◆「求職」の観点から見た生活保護

「求職」を続けるための基礎としての生活保護の改革も不可欠です。

2008年末からの空前の「派遣切り」では、仕事を失うと同時に住む所まで失った「住み込み派遣」の労働者が大量に路上に放り出されました。

ホームレス一時保護施設がごく一部の大都市にしか無い現状では、こういう場合は「生活保護」を使うのがもっとも現実的な対応策とならざるをえません。

ただ、市役所などの行政の現場では、稼働年齢（まだ働ける年齢）の失業者が生活保護を申請しようとしても、「まだ働ける」などと言って断られるケースが多発しています。たしかに、そうした労働者は「まだ働け」ます。現に、つい先日「派遣切り」されて寮を追われるまでは毎日働いていたのですし、働く意志も充分にあります。けれど不況下で、ひとたび住むところを失って、住所のない状態で再び仕事を見つけることは非常に困難なのが現状です。どの企業も、住所のない人をなかなか雇ってはくれないのです。

「働ける」ことと生活保護とを対立的にとらえるのは間違っています。住居の確保は就職に当たっての大前提です。もう一度働きたいからこそ、住所がなくなった求職者はまず、生活保護で住居を確保することが不可欠なのです。

（酒井　徹、竹信三恵子）

11
女性が働きやすいしくみをつくる

◆最大の性差別被害は「セクハラ」

　Aさんは35歳、夫の死後5年ぶりに就職活動し、運よく中小企業に有期雇用の事務職として採用されました。小学生の子どもが1人います。契約は1年ですが、仕事ぶりによっては契約を更新すると言われています。そのAさんが社長からセクシュアルハラスメント被害に遭ってしまいました。

　社長は子どもが好きだということで、出張の時などAさんに何度か子どものおもちゃを買ってきてくれていました。ある日、子どもがインフルエンザにかかり仕事を休んだところ、突然社長が自宅にやってきて、お見舞いをくれたのです。翌日お礼を言うと社長室に呼ばれました。社長から「1人ではなかなかたいへんだろう。おれの愛人にならないか」といわれ、びっくりして断ると「仕事が続けたくないということか？」と脅かされたので仕方なく「考えておきます」と答えましたが、その日から毎日携帯に電話とメールが来るようになり、しつこく食事や旅行に誘われました。仕事を続けなければならないので、一度食事につきあったところ、帰りにタクシーで無理やりホテルに連れ込まれ、強かん未遂に遭いましたがようやく逃げることができました。職場で相談しようにも、社長に知られない方法もなく、恐怖で仕事に出ることができなくなり、現在心療内科に通院中で抑うつ症状と診断されています。誰に相談してよいかわからず、仕事を辞めるしかないと考えているところです。

　男女雇用機会均等室へのセクシュアルハラスメント相談は年々増加し、09年度で1万3000件を超えました。民間団体のホットラインにも多くの相談が寄せられています。職場で「誰か」を「性の対象としてみる」ことを許すことは、セクシュアルハラスメントにつながり、働く権利を奪うことにつながるのです。

表1　給与階級別給与所得者の構成割合(性別)

性別	100万以下	200万以下	300万以下	400万以下	500万以下	600万以下	700万以下	700万超	800万	900万	1000万以下	1500万
女性	16.7%	27.7%	22.7%	15.3%	8.5%	4.4%	2.1%	3.3%				
男性	2.3% (100万以下) / 7.1% (200万以下)		12.3%	18.0%	17.2%	12.8%	8.8%		6.4	4.4	2.9%	5.5

（女性：300万以下 66.4％／男性：300万以下 22.3％、700万超 21％）

資料：男女共同参画白書 http://www.gender.go.jp/whitepaper/h22/zentai/html/zuhyo/zuhyo057.html
　　　厚生労働省 http://www.mhlw.go.jp/general/seido/chihou/kaiketu/index.html

◆女性に対する差別

　女性だからという理由で、職場で期待されない、評価されない、昇進しない、研修が受けられない、性的対象としてセクシュアルハラスメントを受ける。こうしたことが職場における女性差別です。

　とくに、妊娠・出産・子育てといった「家族的責任」＝家事や育児などの責任を女性が実質的に担うことが多いことから、「女性は結婚したら一人前には働けないから、責任ある立場にはさせられない」というのは、まだまだ広く存在する女性差別です。その結果、女性管理職は日本中の会社で9.8％しかいないのです。

　確かに、厚生労働省の調査では女性の約7割が初めての子どもの出産を機に退職しています。でもそれは、「結婚したらきっと辞めるだろう」と思われて、そのように取り扱われ、人材育成をされないからでもあるのです。

　女性といってもさまざまです。普通に定年まで働き続けようと思う人も、結婚退職しようという人もいるでしょう。女性差別は、たとえば「女は結婚したら仕事を辞めるもの」という枠にすべての女性を押し込めようとします。差別を受ける女性の側も、差別が社会的「常識」だと思い込んでいる場合も多いので、その枠から外れることに恐怖を感じ、無理に自分らしさを捨てて枠に合わせ、つらい思いをしている人もたくさんいます。

　こうした差別は、働き方や給料にも大きな差を生みます。女性に「非正規」労働者が多いのも性差別が原因と言われています。なぜなら「女は一家の大黒柱」ではないから（扶養家族だから）、「安い給料でも大丈夫」と考えられてしまうからです。たとえば、年収300万円以下の男性は22.3％ですが、女性は66.4％です。また、700万円以上の男性は21％ですが女性は3.3％しかいません。雇用者のうち、正規労働者の女性割合は約3割ですが非正規労

※ 参考資料
給与階級別給与所得者の構成割合
http://www.gender.go.jp/whitepaper/h22/zentai/html/zuhyo/zuhyo057.html
雇用形態別構成割合
http://www.gender.go.jp/whitepaper/h22/zentai/html/zuhyo/zuhyo050.html

働者数は増加し、2009年には53.2％にまで上昇しています。働く女性の半数以上が非正規なのです。男性の8割以上は正規労働者であるのにです。「ワーキングプア」といわれる貧困問題の原因は、女性の低い給料をすべての労働者に当てはめてしまったからだ、という分析もあります（表1※）。

◆男性に対する差別があるからこそ、女性の差別もなくならない

「男は仕事、女は家庭」、こういう言葉がありました。この時代にそんな、と思うかもしれませんが、多くの職場や家庭、ときには労働組合の中でもこの考え方はまだ「生きて」います。子どもが熱を出したとき、保育園に迎えに行くために急に帰宅できるお父さんは少数でしょう。日本では男性の家事参加は48分（女性は7時間以上）という調査がでています。それだけ、男性は「仕事に生きるべき」と差別されて、家に帰る権利をはく奪されやすい状況にいるのです。女性の育児休業取得率は90％ですが、男性は1％にすぎないのです。

◆セクシュアルマイノリティに対する差別

人間には性的指向というものがあります。男性を恋愛対象とする男性もいますし、女性も男性も対象にする女性もいます。誰も対象にしない人もいますし、トランスジェンダーといって、心と体の性別が違う人もいますし、性分化疾患といって、生物学的に男性か女性か明確でない人もいます。こうした性的なマイノリティは人口の3〜10％程度存在すると言われていますし、生まれつきのもので本人が選ぶことはできません。「男が好きな男なんて気持ちが悪い」とか、「レズビアンなんだって？　わたしを襲わないでね」などの根拠のない差別的な言葉を簡単に浴びせられ職場で排除され、退職を余儀なくされることも多いのです。自殺念慮の率もとても高いと言われています。

表2　職場の性差別をなくすための制度案

テーマ	具体的な内容
採用時の留意点	・履歴書に顔写真を貼らない ・採用面接で個人的なことは聞かない
均等法に基づいたセクシュアルハラスメント防止対策の徹底	・「セクハラ」防止委員会を設置する ・お茶くみなどを、女性や非正規職員などの役割として固定化しない ・結婚、恋愛など、個人的なことを職場で話題にしない ・「セクハラ」の加害者は懲戒処分とし、規定を周知する ・苦情処理機関を外部に設ける
ポジティブアクションに取り組む	・職場で男女比が同数になるまでポジティブアクションを実施する
ダイバーシティマネージメント（多様性を活かした職場の運営）	・女性の部長や男性の育児休業取得者などの体験の共有化を行なう ・男性が育児休業取得しやすい環境を整える
一歩進んだ職場の改善	・間接差別を禁止する ・均等待遇（賃金、休暇などを正規も非正規も同等にする）の実施

◆職場に「性」を持ちこまない

　職場で性差別をなくすにはまず、注意深くチェックして職場に「性」を持ちこまないこと。持ち込ませないための制度を導入することです。性を持ちこまないための手法はいくつか考えられます。すぐに実施することは無理かもしれませんが、表2のような方向で取り組むような働きかけを会社や社会にしていく必要があるのではないでしょうか。

　EU諸国では、男女同一賃金指令、男女均等待遇指令、などさまざまな性差別に基づく不利益な取り扱いを禁止する規制があります。それに比べて、日本では、男女雇用機会均等法や労働基準法に定められていることも守られていない職場がたくさんあります。労働組合も性差別禁止を重要な取り組みの柱として対応することができてはいません。

　特にセクシュアルハラスメントに関しては、被害の発生→PTSDなどの発症→病気休暇→苦情処理が長引き→退職→女性のためのユニオンなどに加盟→民事訴訟、労働災害申請、といった流れにならざるをえず、退職せずに職場にいられるケースはきわめて少数といわれています。周囲の反応も「抵抗したか、拒否したか」を問題にするなど、被害者に責任が転嫁されることすら多いのです。

　個人で紛争解決を求める制度もありますが、1人で取り組むのも大変です※。今の日本では、性にかかわる差別を受けたとき、性暴力被害を受けたときは「支援者」にたどりつかなければなかなか解決が図れません。セクシュアルハラスメントなど性差別に理解のある労働組合、弁護士、1人でも参加できる女性ユニオン、フェミニストカウンセリングの団体などに相談し（電話相談も定期的に行なわれています）、まずどうしたら職場を辞めないですむか、「支援者」と一緒に考えることが第一歩になるでしょう。（遠藤智子）

12

同じ働きには
同じ待遇を保障するしくみづくり

◆同じ価値の仕事には同じ賃金を

　長い間、男向きの仕事（男性職）と女向きの仕事（女性職）が分けられ、女性職の仕事は安くてあたりまえとされてきました。たとえば人の世話をする仕事は機械を使う仕事よりも価値が低いとか、手先を使う細かい仕事は力仕事よりも価値が低いというのは、性による偏った評価です。責任が重い庶務担当や人の命にかかわる看護や介護なども、女の仕事だからということで賃金は低く設定されてきました。また、パートや派遣労働は、雇用形態が違うというだけで正社員と大きな格差が付けられています。

　同じ仕事についての同一労働同一賃金だけでなく、違う仕事でもその価値が同じなら、同じ賃金を支払わなければならないという「同一価値労働同一賃金原則」があります。性による偏見や雇用形態の違いによる格差をなくし、公正な賃金に是正するためのシステムの実現が重要だと思います。

◆パートや派遣社員も待遇を平等にする

　現在女性労働者の過半数（約54％）が非正規雇用であり、男女賃金格差は拡大しています。労働者派遣法が施行された86年以降、女性労働者は派遣やパートなど「安上がりな労働力」として増大しました（表1）。「正社員とほとんど同じ仕事をするパートがいる」事業所は54.8％です（2010年）。

　しかし、パート（短時間労働者）労働法（08年4月改正）では、「職務の内容」「人材活用のしくみ（配転、転勤、残業など）」「契約期間が無期」の3つの要件が正社員と同じという条件で、賃金、教育訓練、福利厚生などの差別的取り扱い禁止を規定しています。実際に3要件を満たし、差別的取り扱い禁止の対象となる人はわずか0.1％（事業所割合1.1％）です（労働政策研究・研修機構2010年12月）。また、労働時間が正社員と同じかそれ以上の

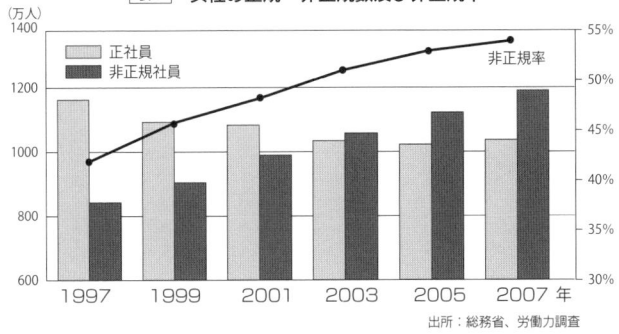

表1 女性の正規・非正規数及び非正規率

出所：総務省、労働力調査

フルタイムパートは、パート労働法が適用されません。民間で働く女性労働者の43.7%、769万人が年収200万円以下です（男性は9.6%、26万人／07年）。非正規雇用のシングルマザーや、単身の高齢女性の貧困化が進んでいます（表2）。

派遣法の改定（03年）により製造業へ派遣が拡大し、男性のワーキング・プアが社会問題化していますが、実際の貧困は女性を直撃しているのです。男女の時間当たり賃金比は男性正規社員100%に対し、女性正規社員67.8%、女性パート48.5%です（表3）。

このような不平等を是正するには、「同一価値労働同一賃金の原則」が有効で、世界各国ではすでに実施されています。この原則は、さまざまな仕事において、職種や職務内容および雇用形態が違っても「同じ価値の仕事には同じ賃金を」という考え方で、担当する職務（仕事）を性に中立に分析し、価値の客観的な評価を数値化して、価値に応じた賃金にすることをいいます。日本が批准している（1967年）ILO（国際労働機構）100号（同一価値労働同一賃金報酬）条約で規定されています。たとえば、看護師と放射線技師の職務や、スーパーマーケットの非正規社員（パート）と正社員の職務など、職種や業種を問わず、どんな職場でも公正な基準を使えば客観的に評価することができます。職務評価は国際基準であり、欧米ではペイ・エクイティと呼ばれています。均等待遇は労働条件全般に必要ですが、なかでも賃金の平等は重要な要素です。

◆同一価値労働同一賃金の原則の実践はどのように行なわれてきたか

EU（ヨーロッパ連合）諸国では、国内法を整備し均等待遇を実践しています。オランダでは93年の労働法改正でパート差別を禁止しました。伝統的な性別役割分業を解消し、アンペイドワーク（無償労働）を男女平等に配分

表2 男女別年収分布

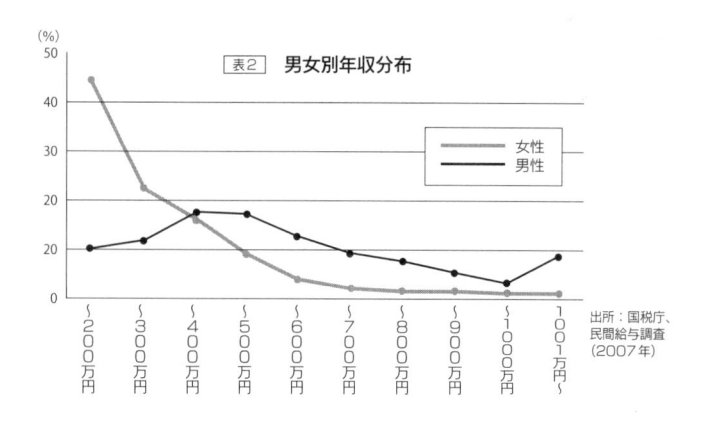

出所：国税庁、民間給与調査（2007年）

することをめざしています。男性も家庭内の役割を積極的に分担し、不足分は市場のサービスを利用するというコンビネーションシナリオ政策のガイドラインを出しました（96年）。男女がともに週労働時間を29時間から32時間くらいのパートとして働き、ペイド・ワーク（有償労働）とアンペイド・ワーク（無償労働＝家事、育児、介護など）が両立できるように、公的保育所の整備、高水準の最低賃金制度、有給の両親休暇制度などを保障するという政策です。さらにフルタイム（正社員）とパートタイムの賃金やさまざまな労働条件を均等待遇にすることによって、同じ会社内でフルタイムかパートタイムかの労働時間を自分で選択することが自由にできる転換の権利を保障しています。

カナダ・オンタリオ州のペイ・エクイティ法（87年）は、10人以上雇用する公共・民間企業において、6年間の期限付きで、ペイ・エクイティ実行のプランを作成し実施することを使用者に義務付けました。フルタイムの3分の1以上働くパートタイマーにも適用されます。

日本においては、京ガス事件が、日本でのペイ・エクイティ（同一価値労働同一賃金）運動の出発点といえます。内容は、わたしが勤務していた「京ガス」という会社で、同期・同年齢の監督職男性との賃金格差が年収で約200万円あったため、「男女賃金差別裁判」を1998年京都地裁に提訴し、2001年勝利判決を得て、2005年に大阪高裁で勝利和解をしました。判決は「比較対象の男性と原告の職務の価値に差はない。（賃金の男女差別を禁止した）労働基準法4条違反で違法」と明言しました。監督職と事務職という異なる男女の仕事を比較して、日本で初めて同一価値労働同一賃金原則違反を争った事件でした。

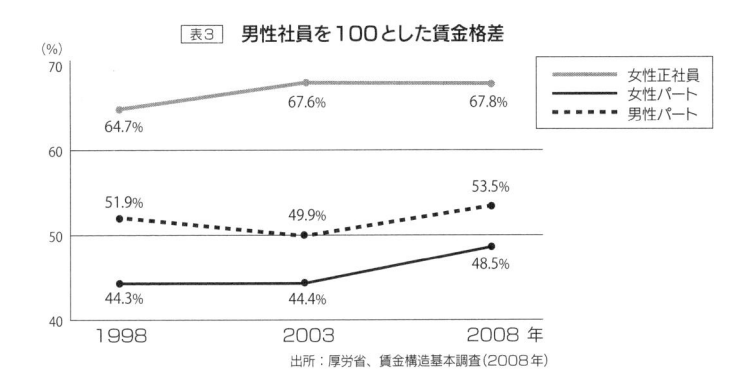

表3 男性社員を100とした賃金格差

(%)
- 女性正社員: 64.7% (1998) → 67.6% (2003) → 67.8% (2008)
- 男性パート: 51.9% (1998) → 49.9% (2003) → 53.5% (2008)
- 女性パート: 44.3% (1998) → 44.4% (2003) → 48.5% (2008)

出所：厚労省、賃金構造基本調査(2008年)

◆仕事の評価を公平にするために

アメリカ・カナダをはじめ EU 諸国では、スキル、負担、責任、労働環境などの職務に関連する客観的評価項目が重視されているのに対し、日本の成果給や能力給における評価要素は、管理職の裁量に左右されやすい「態度、意欲、性格、忠誠度、協調性」など主観的な項目が中心です。男女の賃金格差が根強い理由は多数ありますが、代表的なものは①男性優位の仕事より賃金が低い職業に女性が集中している。②介護、看護、保育などとくに公共部門において、女性の仕事と能力が過小評価されている、などです。

おもに女性が担っている育児・介護などは、家庭での仕事の延長という認識のもとに、非熟練労働（誰でもできる仕事）としての低賃金が続いてきました。性別役割分業とアンペイド・ワークはあらゆる職務における女性の低賃金の根源であり、温床となっています。ケアワーカーは大半が女性であり、高齢者介護では女性が80％以上を占めています。対人サービス職の仕事は見えない感情的負担（感情労働）を評価することが大切です。

性に中立で客観的な職務評価制度の目的のひとつは、男女で仕事が分かれていることによる性差別的な賃金を是正することです。典型的な女性職（女性が70％）の職務（看護師、保育士、事務職、百貨店や小売業の店員など）と、典型的な男性職（男性70％）の職務（大型トラック運転手、建築・土木技術者など）において、両方の職務の分析と評価により、公平で公正な賃金に是正することができます。また同じ職務や同等の価値の仕事でも雇用形態（男女別コース別制度、パート、非常勤、派遣など）の違いで大きな賃金格差がありますが、性別や雇用形態を問わない職務評価は、均等待遇に効果的な手法であり、日本の賃金制度を抜本的に変える合理的なシステムです。

◆公正な評価のための法律やしくみをかんがえる

　日本の法律には、同一価値労働同一報酬の原則は明記されていないばかりか、「職務の価値」という概念そのものがないため、職務評価制度が確立していません。

　08年、ILO条約勧告適用専門家委員会は100号条約に関して、「男女同一価値労働同一報酬原則は、男女が行なう職務または労働を、技能、負担、責任、労働条件といった客観的要素に基づいて比較することが必要であることを強調する。日本政府に対して法改正の措置を取るように求める」との勧告を出しました。職務評価制度では、①技能、②精神的・肉体的負担、③責任、④労働環境という職務に関する4つの大きな要素により、性に中立な分析と評価を点数化します。評価は「職務を行なう人」ではなく、「職務の質と量」です。評価要素のすべてにおいて偏見をなくし、従来評価から見落とされてきたジェンダー差別に注視して評価を行なうことで公平性が担保されます。

　わたしたちは、雇用形態や性別にかかわらず均等待遇という海外の実践に学ぶことが必要です。公務・民間すべての職場で公正な賃金と雇用を実現するために、さまざまな法改正や職務評価制度の確立を政府や企業に求め、「人らしい生活と労働」を取り戻すことがいま問われています。

◆同一価値労働同一賃金に向けた動き

　賃金差別をなくし均等待遇を実現するためには、労働組合の積極的な取り組みがキーポイントになります。職場で格差の実態を調査し、職務分析と評価を実施した結果を使って労使交渉で賃金是正を図るという手順が必要です。すでに自治労では、介護労働の職務評価に取り組み、今後は保育所や図

職務評価のワークショップでレクチャーの模様。2007年12月

書館などでの職務評価が予定されています。連合も政策制度要求と提言（2010年～11年度）で、「男女間および雇用・就業形態間の賃金格差是正の実現へ向け、ILO100号条約の実効性確保のため、職務評価手法の研究開発を進める」としています。

　政府の動きとしては、2010年6月に閣議決定された「新成長戦略～「元気な日本」復活のシナリオ」の「(6) 雇用・人材戦略」で、「ディーセント・ワーク（人間らしい働きがいのある仕事）の実現に向けて、同一価値労働同一賃金に向けた均等・均衡待遇の推進（以下省略）」に取り組むとしました。さらに2010年12月に策定された第三次男女共同参画基本計画では、第4分野「雇用等の分野における男女の均等な機会と待遇の確保」で、「ILO同一価値労働同一賃金（100号）条約の実効性確保のため、職評価手法等の研究開発を進める」具体的な施策が初めて明記されました。ようやく政府や労働組合が、同一価値労働同一賃金の実現と均等待遇政策の潮流をつくろうとしています。（屋嘉比ふみ子）

13
働き続けられるしくみをつくる

◆登録型派遣は原則禁止に

　2008年、米国発の金融恐慌が起きた途端に始まった「派遣切り」は、「登録型派遣」という究極の有期労働契約が企業によって活用された時、労働者は仕事どころか、命まで脅かされることを浮き彫りにしました。全国ユニオンが08年11月末に行なった「派遣切りホットライン」には472件の相談が寄せられました。

　「11月27日、12月で辞めて欲しいと通告された。会社の寮も出て行かなくてはいけない。時給1200円で24時～朝5時まで月22日働いても手取りで10万円いかなかったから、蓄えもない。急に言われても、どうやって食っていったらいいか……。生活保護を受けたいと市役所に相談したが『無理』と言われ、パニック状態。」（自動車部品製造。6ヵ月契約で2年勤続派遣労働者、51歳）など、いきなり、乱暴に、仕事と住まいを奪われた派遣労働者の悲鳴の電話が鳴り続けました。何とかしなければとの想いが集って、「年越し派遣村」が開設されました。

　「派遣切り」は、派遣会社（派遣元）と企業（派遣先）は商取引関係にあって、働く労働者は登録型派遣であったことが、最大限に活用されました。派遣には常用型と登録型があります。常用型は、派遣会社に仕事の有無にかかわらず常時雇用されていて、企業に派遣されます。常用型派遣であれば、繁閑に応じて企業が雇用調整をしたとして、派遣先との派遣契約が中途解除され仕事が切られても、派遣労働者が派遣会社と結んだ雇用契約は継続します。ところが、派遣の定番ともいわれる登録型派遣は、派遣会社に登録して、仕事があったときだけ細切りの有期雇用契約を結び、企業に派遣され働きます。企業が派遣契約期間満了、または派遣契約の中途解除によって仕事を切ったら、そのリスクは派遣会社を貫通して労働者を直撃してしまいます。そのう

表1 不満である理由別　有期契約労働者の割合

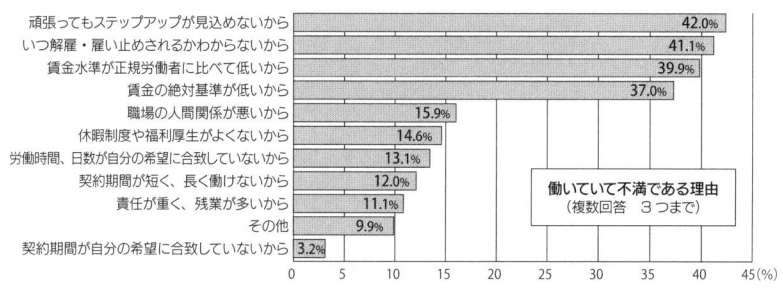

働いていて不満である理由（複数回答　3つまで）	%
頑張ってもステップアップが見込めないから	42.0%
いつ解雇・雇い止めされるかわからないから	41.1%
賃金水準が正規労働者に比べて低いから	39.9%
賃金の絶対基準が低いから	37.0%
職場の人間関係が悪いから	15.9%
休暇制度や福利厚生がよくないから	14.6%
労働時間、日数が自分の希望に合致していないから	13.1%
契約期間が短く、長く働けないから	12.0%
責任が重く、残業が多いから	11.1%
その他	9.9%
契約期間が自分の希望に合致していないから	3.2%

出所：厚生労働省「平成21年有期労働契約に関する実態調査(個人調査)報告書」より作成

え、企業は、必要なときだけ必要な働き手を確保でき、必要なくなれば派遣契約の途中で切っても、通常の商取引の一環とされ、解雇の規制は受けません。企業にとって、派遣労働者はいらない在庫と同じで、このうえなく便利で効率がよいモノとして扱われています。

　登録型派遣を原則禁止としなければ、「派遣切り」はやみません。派遣労働者の雇用の安定を図るために、登録型派遣を原則禁止とする派遣法改正は急務です。

◆仕事と育児が両立できる労働環境に

　「派遣やパートでは、子どもを産むことはできないのですか」と、相談を寄せる非正規労働者は後を絶ちません。「産休ギリギリまで働きたいので、マタニティ用の制服を用意して下さい」と派遣先にお願いしたところ、「社員にはマタニティ用の制服はあるが、派遣さんにはありません。妊娠8ヵ月ぐらいになると休みがちになり業務に穴があくと困るので、契約期間を短縮します」と告げられた、「会社に妊娠を報告したら契約の打ち切りを通告された」などの相談が寄せられています。非正規労働者であるがゆえに、有期労働契約であるがゆえに、産前産後休業・育児休業にたどり着けないで、契約中途解除、契約解除されてしまう実態が横行しています（表1）。

　05年4月の育休法の「改正」で、①同じ会社で働き続けた期間が1年以上あること、②子どもが1歳に達する日を超えて雇用が継続することが見込まれること（子どもが1歳に達する日から1年を経過するまでに雇用関係が終了することが申し出時点で明らかである者を除く）という要件を満たす有期契約労働者は育児休業を取得できるとなりました。しかし、有期契約労働者の多くは6ヵ月以下で更新を繰り返しているために、また適用条件②の「雇用が継続することが見込まれる」の判断権は使用者にあるために、育児休

業取得は進みません。

　全国ユニオンは、厚生労働省が定めた指針の趣旨「形式的に期間を定めていても特別な事情のない限り、更新を予定しているケースなど、実質的に期間の定めのない雇用契約と判断されるような場合は育児休業の対象とする」に基づいて交渉をし、育児休業を取得できるようにしてきました。指針の趣旨を生かした育児休業法の改正を実現し、急増している若年の有期契約労働者の子どもを生み育てることと仕事を両立できる環境を整えるべきです。

◆有期労働契約だからとあきらめない！

　有期労働契約は、まさに使用者のためにあるといっても過言ではありません。「契約の更新」を圧倒的に力がある使用者側が意のままにできるため、モノを言ったら、権利主張をしたら、更新してもらえないのではないか、と労働者を縛って黙って働きなさいという状態をつくっています。

　雇い止め、更新時の労働条件の不利益変更は後を絶ちません。厚生労働省の調査でも、有期雇用労働者の50.2％が解雇、雇い止めを経験したと報告されました。（09年9月30日）

　有期労働契約をめぐり、確立された裁判判例はあります。

　「日立メディコ事件／最高裁判決」は、有期雇用でも長きにわたり契約が反復更新しているばあい、労働者はこの契約が特段の支障が無い限り継続を期待する権利があることを認めました。「東芝柳町工場事件／最高裁判決」は、5回から20回の契約更新を重ねてきた後に雇い止めされたケースですが、「期間の定めのない契約」に契約の性質が転化していたとみなされ、更新拒否してもやむをえないと認められる特段の事情がなければ雇い止めはできないとの判断を示しています。「中野区非常勤保育士事件／東京高裁判決」は雇い止めについて争い、公務職場ということで雇用確保は認められませんでした

「法改正まったなし!」10・29日比谷大集会、2009年。提供：全国ユニオン

が、期待権を裏切ったとして損害賠償を認めさせました。

しかし、有期労働契約の法的整備がされていない中で、問題が生じたときに、現状では残念ながら労働者側は圧倒的に不利です。

◆雇用契約は期間の定めがない契約が原則

08年3月に施行された労働契約法17条の②は、期間の定めのある雇用契約の場合に、やむをえない事情がある場合でなければ、会社が契約期間の途中で労働者を解雇することはできないと定めました。また、やむをえない理由で労働契約を解除するばあいでも、それが使用者の一方的な過失による場合は、使用者は労働者に対して損害賠償責任を負う（民法628条）など、有期雇用で被る不利益を救済する法整備は進んできました。しかし、有期契約労働という働き方そのものに対する規制とはなっていません。労働者を「更新」で縛り、神経衰弱状態で働かせ、働く意欲、希望を失わせる「有期」という働き方そのものの規制が求められています。

EUの有期契約指令では、仕事が「一時的・臨時的なもの、季節的なもの、産休・育休の代替など臨時的なもの」などに限って、その仕事に就く労働者は有期であってよいとされています。日本は、仕事は恒常的なのに非正規雇用だから有期雇用は当然、まるで労働条件であるかのようにされています。

厚生労働省の「有期労働契約研究会」は有期労働契約に関する規制のあり方について2010年9月に報告書をまとめました。10月には労働政策審議会がスタートしました。雇用の原則は「期間の定めがない直接雇用」です。合理的理由のない有期雇用は禁止とする入り口の規制をし、均等待遇の実現をめざすべきです。（鴨　桃代）

14
仕事も暮らしもどちらも大切にできるしくみづくり

◆ワーク・ライフ・バランス政策

　金融業界の事務職だった30代の女性は08年夏、会社をやめました。子どもが小学校に入る際、上司に「残業時間を減らして午後5時半に退社できないか」と申し出ましたが、「みなもっと残業している。特別扱いはできない」と拒否されたからです。就業規則の退社時間は午後5時でした。早朝出勤や昼休みの短縮などで退社時刻を早めようとしましたが、それでも会社を出るのは午後6時半になってしまい、結局、両立をあきらめました。

　福岡県の40代の主婦は、単身赴任で東京に暮らす夫の健康を心配しています。夫は3年前、営業担当として東京に異動し、長時間労働の日々です。残業はあたりまえで、帰宅は午前2時過ぎになることも少なくありません。久しぶりに自宅に戻ると、「頭の中の整理がつかない。うつかもしれない」と言います。子どもの学校の関係で単身赴任を余儀なくされていますが、「会社が社員の生活を考えているとは思えない」と主婦は嘆きます。

　家庭生活を顧みない長時間労働への批判が高まり、最近、「ワーク・ライフ・バランス」という言葉が広がっています。「仕事と生活の調和」という意味です。政府も、このワーク・ライフ・バランス政策を推進しています。背景にあるのは、過労死の続発や、子育てがしにくいことによる少子化の進展など、極端な長時間労働がもたらした日本の企業社会のひずみです。

◆次世代が育たない

　90年代後半からの不況に、企業は人件費削減のため正社員を大幅に絞り込み、非正社員で代替しました。そのため正社員の負担は増大し、総務省の09年の調査では、フルタイムで働く人のうち、週60時間以上働く人は30代男性の5人に1人にも達しています。厚労省の基準では、月80時間を超す労

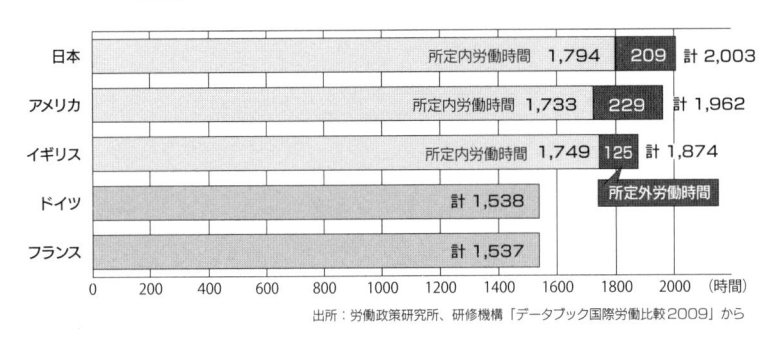

表1　年間総実労働時間の比較（製造業・生産労働者、2006年）

国	所定内労働時間	所定外労働時間	計
日本	1,794	209	2,003
アメリカ	1,733	229	1,962
イギリス	1,749	125	1,874
ドイツ			1,538
フランス			1,537

出所：労働政策研究所、研修機構「データブック国際労働比較2009」から

働が3ヵ月以上になると、過労死の恐れがあるとされていますから、週60時間労働は、その第一歩と言えます。過労死を労働災害として申請した件数も高止まり状態です（表1）。

こうした職場で、育児を抱える女性が働き続けることは困難です。厚労省の調査では、最初の子どもを産んだ女性の7割近くが出産を機に仕事をやめています。

内閣府の調査では、「家庭生活優先」を希望していないのに家庭優先せざるをえない女性や、「仕事優先」を希望していないのに現実には「仕事優先」にせざるをえない男性が30代に多く、希望と現実がずれていることも明らかになっています。08年9月のリーマン・ショック以降、男性の解雇や賃下げが横行し、経済的に自立する必要を感じる女性も目立ちます。一方で、増えた非正社員の賃金水準は「家計補助」程度にとどまり、「仕事と生活との調和」どころか、明日の生活への不安におびえる例が少なくありません。

「先進国入り」した社会では、上昇した生活費を男女がともに働いて支えながら、次世代も育成できるしくみが一般的になっています。グローバル化で雇用の変動も激しくなり、男性の1人働きに依存する構造を手直ししていく必要があるのに、日本社会は立ち遅れてしまいました。そんな危機感が、「ワーク・ライフ・バランス政策」につながったといえます。

◆欧米では時短と柔軟な働き方を組み合わせた

欧米は70年代後半から80年代、日本からの安い家電製品や車の販売攻勢にさらされ、賃金の安い途上国へと工場を移転させる「空洞化」が進みました。男性を基幹労働力とする製造業を中心に大量の失業が起き、家族全員を養える賃金を男性に支給する男女分業のしくみに限界が来ました。空洞化で残ったサービス産業は女性の得意分野とされてきたこともあり、産業構造が、

男女が働いて子育てをする社会のしくみを求めたともいえます。

　こうした変化に対応するため、欧米では90年代ごろから、男女がともに仕事と生活を両立できるしくみづくりを進めてきました。失業対策のために労働時間を短縮して仕事を分け合うワークシェアリング（74ページ参照）という従来からの考え方に、女性の職場進出のための労働時間短縮をからめ、各国で男女間の仕事の分け合いが進みました。

　政策主導の欧州に比べ、企業ごとの経営改革としてワーク・ライフ・バランスを進めたのが米国です。産業の空洞化でホワイトカラーの大リストラが進んだ80年代、男性に依存できないと女性たちが職場進出し、この女性たちの活用が、経営課題となりました。優良企業を中心に、会議を帰宅間際の夕方や夜に設定することを避けるなど、働き手が早く帰宅して健康に働けるしくみを導入することが、優秀な女性をはじめとする人材集めの手法として採用され始めました。その結果、病気で休む働き手が減り代替要員を確保する経費が節約できるなど、数字の上でも効果が注目されるようになりました。

◆働き手全体の生活向上が必要

　日本の企業も、ワーク・ライフ・バランス経営に注目し始めています。07年12月には御手洗冨士夫・日本経団連会長や高木剛連合会長と厚生労働相の政労使が「ワーク・ライフ・バランス憲章」で合意しました。仕事と生活の調和へ向けて社会全体を動かす契機にしたいとして、労使交渉などで職場を改善することなどが盛り込まれ、フリーター比率を10年後にピーク時の3分の2に減らすなど、数値目標を設けた「行動指針」も掲げました。

　2010年、3歳未満の子を持つ親が請求すれば残業を免除される制度や、父親も育児休業をとるときは2ヵ月分が父親の分として延長される日本版パパ・クオータ制度などを盛り込んだ改正育児・介護休業法がスタート、残業

男女がともに働き、子育てするノルウェーで幼児を抱いて街を歩く父

時間が月60時間を超える分は、割り増し率を、現行の25％以上から50％以上に引き上げられました。

　ただ、日本では、1日8時間の週40時間労働が決められている労働基準法の中に、労使協定を結べば大幅な残業が認められる例外規定があります。その結果、日本は1日8時間労働を規定した国際労働機関（ILO）1号条約さえ批准できていません。育児休業の制度を手厚くしたとしても、休業後の通常の職業生活が子育てを保障できる働き方になっていないのです。

　また、週40時間労働制なのに月60時間を超えて残業してようやく50％以上の残業代がつくという規制では、労働時間を短くして人を増やすより少ない人数で長時間労働させたほうがトク、と考える企業はなくならないおそれがあります。

　欧州連合（EU）の共通原則を示すEU指令では、1日のうち連続11時間以上は働いてはいけない「休息時間」が決められ、残業に歯止めがかけられます。フランスは、育児とも両立できる週35時間労働時間が2000年に始まり、育児で早く帰る人が「例外的な存在」として評価などで不利にならないようにしました。日本でも、働き手すべてをカバーする適当な労働時間規制を設ける必要があります。

　日本の前自公政権は「労働時間規制がなければ働き手は自由に帰宅でき、家族団らんにプラス」として、一定の条件の働き手を労働時間規制からはずす「ホワイトカラー・エグゼンプション」という制度を導入しようとしました。しかし、労働時間の規制は働き手を規制するためのものでなく、企業の働かせすぎを規制するためのもので、非正社員の低賃金や不安定雇用を野放しにしていては、正社員のワーク・ライフ・バランスを向上させるほど非正社員に雇用が流れかねず、働き手全体の向上にはつながりません。正社員との均等待遇が急務です。（竹信三恵子）

第2章　安心して働くことを保障するセーフティネット

15
ワークシェアリングというしくみづくり

◇仕事を分け合って失業を防ぐ

　04年、約20人のパート社員が働く福島県の縫製工場の経営者は、不況による注文の落ち込みで人員削減を行おうとしました。そのとき、従業員たちから「賃金が減ってもいいから、仲間を解雇しないで」と頼まれました。地域の女性たちが励まし合って働いてきた工場で、みんなで働き続けたいという思いからでした。熟練した働き手を失いたくないこともあり、経営者は人員削減を取りやめ、国が雇用対策として一時導入した、労働時間短縮で雇用を維持した企業への助成金を利用してしのぎました。

　このように、景気が悪化して仕事量が減ったとき、1人あたりの労働時間を短縮して仕事を分け合うことで解雇を防ぐしくみを「ワーク（仕事）シェアリング（分け合う）」と言います。労働時間を減らして生活にゆとりをつくる、といった「一石二鳥」も狙った雇用対策です。働き手はいったん失業すると仕事に戻りにくくなり、社会との関係を絶たれ、そのまま働けなくなってしまうことも少なくありません。そんな事態を防ぐ意味もあります。

　08年9月のリーマン・ショック後の不況など、不況のたび、この「ワークシェアリング」という言葉は繰り返されます。1929年の世界大恐慌のとき、左派国際労働運動組織「プロフィンテルン」が提起した考え方ですが、73年からの2回のオイルショック後、79年の欧州労連ミュンヘン大会で、この考え方を引き継いで、週35時間制へ向けた労働時間短縮を目指すことが決議されました。

　その後、欧州では、フランスで82年に誕生したフランスのミッテラン社会党政権が、週39時間制を導入。2000年には、やはり社会党政権下で、男女がともに働きながら子育てできるワーク・ライフ・バランス（76ページ参照）の意味もこめて、週35時間制が導入されました。

ドイツでは、社会民主党政権下で80年代、金属労組のIGメタルが週37時間制を導入。93年にはフォルクスワーゲンが、賃金カットを伴う労働時間短縮によって約3万人の解雇を防いだといわれています。

　一方、オランダでは90年代、短時間労働の多様な働き方を大幅に認めることで、子育て中の女性など、フルタイムでは労働市場に参加できない人たちも働けるしくみに切り替え、「パート大国」と呼ばれるようになりました。ここでは70年代末からの産業の空洞化による大量失業で、女性が夫に経済的に依存できない状況が生まれ、子育て中の女性も働けるよう社会のしくみを大幅に切り替える必要が出てきたことが背景にありました。労使が交渉し、週3日だけ働く、午前中だけ働く、などフルタイム以外の多様なシフトを導入しました。

　短時間労働でも仕事が継続的にあれば無期雇用（期限のない雇用）が原則、というEU指令があるため、オランダでは、短時間労働でも安心して働けます。加えて、労働時間の長短で賃金や社会保険、福利厚生の差別をしてはならないという「労働時間差別禁止」の法律も制定し、質のいいパート労働をつくりあげたのです。その結果、90年代後半には短時間労働でもそれなりの賃金を確保できる人が増え、消費が活発になって景気が持ち直し、さらに雇用が増えるという好循環が生まれ、「オランダの奇跡」と呼ばれました。

　欧州での試みはいずれも、労働時間をカットしても生活の質が極端には落ちない知恵がこらされ、ワークシェアリングが雇用の劣化や貧困に直結しない工夫があります。

◆ワーキングプア生んだ日本のワークシェアリング

　日本では、バブル後の不況に97年のアジア金融危機などが加わった90年代後半、「ワークシェアリング」が話題になりました。政府は、フォルクス

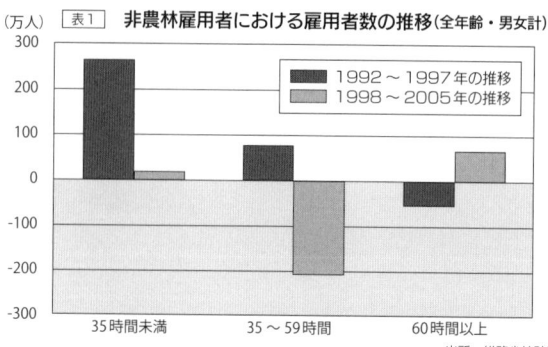

(万人) 表1 **非農林雇用者における雇用者数の推移**(全年齢・男女計)

| | 1992〜1997年の推移 | 1998〜2005年の推移 |

(35時間未満 / 35〜59時間 / 60時間以上)

出所：総務省統計局「労働力調査」

ワーゲンのような一時的な労働時間短縮と賃金カットで失業をいったん食い止める措置を「緊急避難型ワークシェアリング」とし、オランダのような短時間労働を組み合わせて働きやすい土壌をつくる措置を「多様就業型ワークシェアリング」として、企業に導入を呼びかけました。ただ日本では、いずれも働いても食べられない「ワーキングプア」の温床に転化しました。

フォルクスワーゲンの場合、賃金カット分を政府の雇用調整金や職業訓練費などで補填し、ワーキングプア状態が起きない措置をとっていたのですが、当時の日本の「緊急避難型」では、「雇用調整金の請求なしでも労働時間短縮による賃金カットができる」と、厚労省が推奨するなど、働き手の生活維持に無頓着な姿勢が目立ちました。もともと労働時間の規制がゆるい日本社会では、労働時間を短縮しても実質的にはサービス残業で対応する社員も出て、ゆとりの確保もなく、ただ賃下げされる事態も生まれたのです。企業の中には、賃金が大幅に下がる子会社への転籍を賃下げを伴う「雇用の維持だからワークシェアリングだ」として強行する例まで出ました。

また、派遣労働などの有期雇用の規制緩和を背景に「多様就業型」と称して、正社員を削減してパートや派遣社員に切り替える動きが加速しました。

欧州と異なり、同一価値労働同一賃金の原則や、非正社員と正社員の均等待遇の原則が明確に規定されていない日本では、正社員と同様の仕事でも半分程度の賃金といった事態が横行し、働き手の取り分である「労働分配率」を下げる一因となりました。また、非正社員は、無期雇用が原則のオランダのパートと異なり、短期契約を更新していつでも打ち切れる形で継続雇用する不安定な働き方で、低賃金とあいまって「ワーキングプア」を増やす結果となりました。

一方で、フランスのような、働き手全体の労働時間を短縮して仕事と生活の両立を図れるしくみに切り替えていく法的な規制は、手付かずのままでし

2002年にワークシェアの推進で合意した政労使

た。
　02年には冒頭のような、労働時間を短縮して解雇を防いだ企業への助成金制度が一時導入されましたが、労働時間規制への意識が鈍い職場が多くを占める中で、「使いにくい」として利用は伸びませんでした。

◆あるべきワークシェアとは

　日本の「ワークシェアリング」の問題点は、同じ働きをしても賃金や福利厚生では差別されるしくみを放置して短時間労働を増やしたり、長時間働かなければ生活できないしくみを改善しないまま労働時間カットを強行したりしたことでしょう。働き手同士の連帯感による分け合いのはずが、連帯感なき「上からの労働時間カット」と賃下げに終わり、働き手の多くをワーキングプアに追いやる結果になりました。

　どんな働き手でも、同じ労働なら同じ賃金と待遇を保障する労働同一価値労働同一賃金や均等待遇のしくみを確立し、短時間労働を選べるしくみを整えない限りは、公正なワークのシェアは難しいと言えます。正社員の賃金カットも、欧州のように失業時や半失業時の保障措置が整っている社会でない限りは、貧困と不安を生みだすことになります。

　さらにいえば、日本では人間が生きていく最低限の水準としてのナショナル・ミニマムなどの規準が弱く、保障されるべき生活程度がイメージされていないため、「仕事の数さえ増やせばいい」として、ワークシェアリングが、際限ない生活の劣化をもたらすことになります。非正社員の賃金を食べられる水準に引き上げ、パートや派遣社員にも、仕事に見合った、生活していける賃金水準を確立してくことや、労働時間規制の厳格化などがワークシェアリングの実施の前提です。（竹信三恵子）

16

移住労働者が公正に
働けるしくみづくり

◆不安定な雇用現場と「片道切符」

　日系ブラジル人のHさんは、9年間、大手自動車メーカーの下請け会社で車のランプをつくる仕事をしてきました。1日12時間働くことが採用の第一条件だったと言います。働いてからも、社員が嫌がる仕事は優先的に移住労働者にまわされるようになっていたそうです。しかし2009年3月、Hさんは、約100人いたほかの移住労働者全員とともに解雇されてしまいました。この中には20年以上同じ会社で働いていた人もいました。

　2008年末の金融危機に端を発した「派遣切り」は、日本人だけではなくHさんたち南米出身の移住労働者を直撃しました。滋賀県国際協会が2009年6月に南米出身者に対しておこなった調査では、金融危機以降に失業し、それ以降も職についていない人が対象者の約43％に達しています。またこれまで派遣業者が用意した住居に住んでいたため、職と同時に住居を失った人も少なくありませんでした。一方で、日本で家を買った人の中にはローンが払えなくなっている人もいました。さらに、子どもたちが、親が失業したため月謝が払えず学校に通えなくなっているという問題も生じました。

　こうした事態に対し、日本政府も「定住外国人施策推進室」をつくり、さまざまな施策を打ち出しました。しかしそのなかの「帰国支援事業」は、当事者に憤りと悲しみを呼び起こしました。なぜならこの事業は、仕事を失い帰国を決めた日系人に国が帰国費用を「支援」する一方で、「支援」を受けた者は、今後日系人に認められていた資格では再入国できないとされたからです。この事業（2010年3月終了）を利用した人は2万人以上にのぼった一方で、長年働き家族で暮らしてきた国から「仕事がなくなったのなら、これで帰ってください」と「片道切符」を渡されたように感じた当事者も数多くいました。（この再入国禁止規定については、在日ブラジル人やブラジル政府

ブラジル人コミュニティによる雇用・住居・子どもの教育保障を求めるデモ（2009年1月、東京）

などからも懸念があいつぎ、当面3年間の措置と見直されました）。

◆日本の移住労働者

　それでも皆さんのなかには「でも、彼らは好きで日本に来たんじゃないの？だから少しくらい我慢は必要じゃないの？」と思う方もいるかもしれません。しかし彼らが来日したのは、彼らの事情だけによるものなのでしょうか？

　じつはその背景には、日本政府や社会からの要請もあったのです。1980年代半ばからバングラデシュやパキスタン、フィリピン、中国、韓国などのアジア各国や南米諸国からたくさんの移住者が来日するようになっていました。その多くは非正規滞在でしたが、製造業や建設業、サービス業などの中小零細企業で働き、日本の人手不足の強力な助っ人となりました。そのような状態が続いていた1990年、日本政府は外国人の受け入れについて「専門的技術的労働者は受け入れるが単純労働者は受け入れない」という従来の見解を踏襲する一方で、日本人と血のつながりのある日系人とその家族には定住できる資格を認めました。その背景には、当時バブル経済で人手不足におちいっていた経済団体からの強い要請があったと言われています。これをきっかけに、戦前・戦後にかけて日本から多くの移民がわたったブラジルやペルーなどの南米諸国からその子孫たちが日本に出稼ぎに来るようになりました。両親が日本生まれだったHさんもその1人だったのです。

　その後もバブル崩壊にかかわらず、日本で働く移住労働者は増え、現在約90万人と考えられます。そのうちコックや語学学校の教師、IT技術者など、「就労」にもとづいた在留資格（ビザ）をもつ者は21万人です。これに対し、もっとも多いのは日系人や日本人と結婚した人など永住や定住などのビザをもつ人たちで37万人にのぼります（2006年末。ただしこのうち数万人は帰国したと考えられる）。それ以外に近年急増している研修生6.5万人・技能

実習生11万人、留学生などのアルバイトが15万人、在留資格を持たない非正規滞在者が9万人となっています（2009年末現在。表1）。

「非正規滞在者って不法滞在者じゃないの？」という声もあるかもしれません。しかし、日本の労働法は非正規滞在者にも適用されます。彼らは「不法滞在者」である以前に「労働者」なのです。

◆労働に縛りつけられた身体

最近、南米系労働者が解雇された職場で、外国人研修生・技能実習生が働くという例が報告されるようになっています。より「安く」「都合良く」「使える」移住労働者に置き換えられているといえます。

研修・技能実習制度は、もともと人材育成を通じた国際貢献を目的にした研修制度に、1993年、より実践的な制度である技能実習制度が付け足される形でつくられました。繊維、金属、食品加工、農業など多種多様な労働現場にこの制度が導入されていて、アジア、とりわけ中国人が多く働いています。みなさんが、「日本製」と思って購入したイチゴも、コンビニのお弁当に入っていたかまぼこも、日本で働く彼らがつくったものかもしれません。

研修生はこれまで「労働者」として認められておらず、その労働条件は「時給300円」というフレーズで象徴されてきました。「外国人だから仕方がないんじゃない」と思われるかもしれません。しかし同じ社会で同じ仕事をする者のあいだに、働く条件に圧倒的な差があるとしたら、労働条件全体の切り下げにつながるのではないでしょうか。

結局、研修生の劣悪な労働条件が社会問題となったことをきっかけに制度改正が行なわれ、2010年7月以降、来日1年目も技能実習生として労働法で保護されることになりました。つまり現在では、外国人技能実習制度を利用して、最大合計3年間、日本の職場で働くことができます。けれども、職

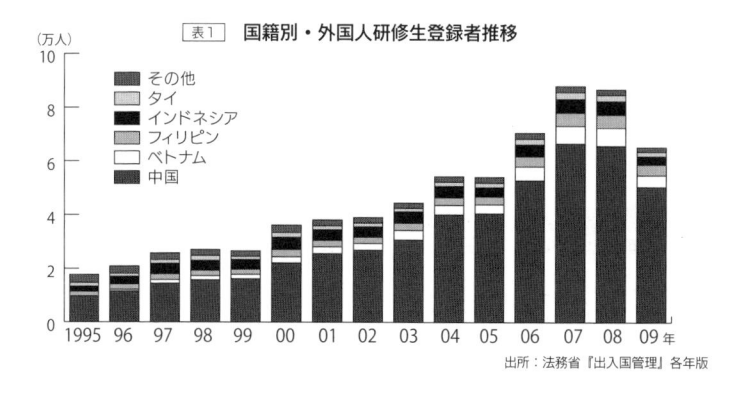

表1 国籍別・外国人研修生登録者推移

（万人、1995年～2009年、中国、ベトナム、フィリピン、インドネシア、タイ、その他）

出所：法務省『出入国管理』各年版

業選択の自由が認められていないこと、送り出し国での保証金問題など、この制度がもつ本質的な問題は残っています。これらの問題こそが、強制帰国の脅しや携帯電話の禁止など企業や協同組合による強力な管理を可能にしてきたというにもかかわらずにです。それにくわえ、技能実習生には家族の呼び寄せや日本での結婚などは認められていません。つまりこの制度は、彼らの身体を、三年間「労働」のみに縛りつけるようなものとも言えるのです。しかし人は労働だけでは生きてはいけません。労働を支える暮らしがあってはじめて生きていけるのに、技能実習生にはその暮らしの側面が著しく制限されているのです。そんな実態を見ると「人材育成」を建前にしつつ、本当は「働き手はほしいけど定住してほしくない」というのが本音なのではないか、と思わざるをえません。

◆同じ社会の一員として

移住労働者が公正に働ける社会は、日本人にとっても暮らしやすい社会なはずです。そのためには、ちょっとした工夫が必要です。たとえば、移住労働者のなかには、日本で働くうちに、すばらしい技術を身につけた人もたくさんいます。でも彼らがその資格をとりたいと思っても試験が日本語だから受けられない場合があります。そんなとき試験にルビをふれば、技術を持つ移住労働者に大いに役立つでしょう。また失業中に受けられる職業訓練に日本語があれば、失業給付を受けながら日本語を学ぶことができるはずです。

「でも外国人だから」そんな思いが、日本で働く移住労働者を見えない存在にしてきました。しかし、じつは多くの人がすでに職場で、街で、あるいは商品を介して彼らに出会っているのです。自分たちの生活と彼らの生活はつながっている──そんなリアルな認識の上にたち、その出会いを確かなものとする「共生」の営みが、今求められていると思います。（高谷　幸）

17
労働者の権利を広げていくしくみづくり

◇権利はあるが、あきらめてしまう

　「残業代を支払う義務がある」「不当な解雇はできない」「有給休暇をとらせなければならない」。これらは日本の労働法が会社に義務付けているものです。しかし、これらの法律があるにもかかわらず、残業代が支払われないことや、理不尽に会社から追い出されてしまうということは日常の風景となっています。こうした違法行為は、なぜまかりとおってしまっているのでしょうか。じつは、法律は知っていても使えないということに、その答えがあります。

　たとえば残業代が支払わないことは、労働基準法によって厳しく禁止されていますが、労働相談や調査を行なうNPO法人のPOSSEの調査では、およそ3割の若者が支払われていないと回答しました。会社のなかでは「君の仕事が遅いから残業が必要になるんだ」などといわれ、請求しても支払ってもらいないことが多いのです。それでも請求すると、今度は「会社を敵にまわすつもりか」「逆にお前を訴えてやる」などと脅されてしまうこともあります。こうしたことが繰り返されると、会社が違法行為をしていることがわかっていても、次第に「仕事が遅い自分が悪いのではないか」と考えるようになってしまいます。

　このように、法律を知っていても違法行為がまかりとおってしまうことは珍しいことではありません。POSSEの調査でも、法律を知っていることが残業代の請求や有給休暇の取得へとほとんどつながっていないことがわかりました。権利は「知ること」だけでは実現しないのです。ではどうしたらいいのでしょうか。それを考えるために、まずは、どのような「権利」があるのかを見ていきましょう。

◆ 権利の種

　労働者の「権利」は①法律に明確に定められた権利（労働基準法など）と、②あいまいな権利（労働契約法など）、さらに、③権利行使を支える権利（労働組合法など）の３つに分けることができます。①法律に明確に定められた権利は、たとえば残業代のように、支払わないことが明確に違法行為となっていて国が取り締まる対象となっているものです。そのため、違法行為を取り締まる国の専門機関として労働基準監督署が設置されています。労働基準監督署が取り締まる対象になっている違法行為は残業代不払い、賃金不払い、不当な賃金の天引きや減給、１ヵ月前の解雇予告がない場合の解雇、最低賃金以下の賃金など多岐にわたっています。これらは主として労働基準法に定められているものですが、じつはこの労働基準法の「基準」とは、労働条件の「最低限度の基準」を意味しています。つまり、国の機関が直接権利行使を助けてくれるのは、「最低限度」の場合に限られているのです。

　そこで、次の②あいまいな権利が登場します。これは国が取り締まる「最低限度の基準」を超える部分の権利だと考えるとイメージがしやすいと思います。国が明確に定めているわけではないけれども、自分が正当な要求だと思う場合、それも「権利」として行使できる場合があるのです。たとえば、解雇（クビにすること）を行なうことは法律で一定の制限がなされていますが、その基準はあいまいです。労働契約法には「解雇は、客観的に合理的な理由を欠き、社会通念上相当であると認められない場合は、その権利を濫用したものとして、無効とする」と定められています。この文章では、具体的に何が正しい解雇で、何が不当な解雇なのかはっきりとしません。

　もし会社から「クビだ」といわれたとしても、争ってみることで、その「クビ」をやめさせることができるかもしれないのです。たとえば「仕事が遅い

図1 派遣労働の法律が示す正しい雇用関係

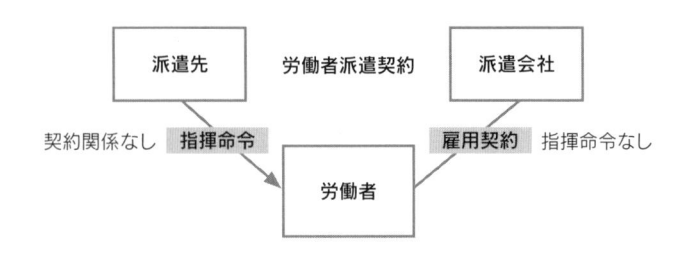

```
    派遣先      労働者派遣契約     派遣会社

契約関係なし  指揮命令            雇用契約  指揮命令なし
                  ↓
                労働者
```

からクビ」といわれた場合を考えてみます。この場合でも「おかしい」と思えば争って、解雇を撤回させることができる可能性があります。このように②あいまいな権利の内容は、実際に裁判などで争う中で、はじめて決まってきます。

　もう少しほかの事例を考えてみると、「経営が厳しいために解雇する」場合には、実際に経営赤字になっているなどの経営上の危機の存在が必要です。本当の経営上の危機がない場合には、裁判などに訴えて、解雇を無効にすることができます。また、「態度が悪い」「他の人間を雇いたい」などの理由で解雇することも違法に当たります。日本の経営者が主張する解雇理由のほとんどは、法律上の基準では違法に当たるといわれています。

　しかし、ほとんどの人は不当な解雇に対して争うことができていません。裁判などで法律上の権利を行使するためには、お金や時間がかかってしまうからです。争いが長引くほど弁護士費用がかかる上、争っている間に賃金が支給されなくなれば、とたんに生活ができなくなってしまいます。実際に職場で問題になるケースには、こうしたあいまいな権利が侵害されている場合がかなりの割合を占めています。そうだとすれば、権利は常に行使できる可能性があるのに、実際には常に行使することができないということになってしまいます。

　そのため、労働法には「権利を行使するための権利」が定められています。それが③権利を支える権利、すなわち「団結権」という特別な権利です。具体的には労働組合（＝ユニオン）に加入することで、権利の実現を促進することができます。

◆権利を支える権利

　労働組合とは、労働者が２人以上集まると自由に結成できる組織です。労

図2　請負労働の法律が示す正しい雇用関係

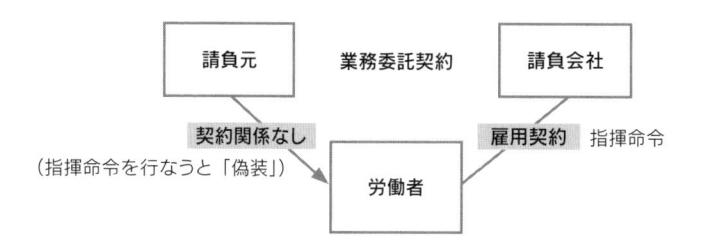

```
    請負元    業務委託契約    請負会社
      ┌──────────────────────┐
  契約関係なし              雇用契約  指揮命令
(指揮命令を行なうと「偽装」)
              労働者
```

働組合は、会社と労働者が対等な関係で話し合い、正当に権利を行使できるようにさまざまな特権を持っています。まず、労働組合が話し合いを「団体交渉」といいますが、これを申し入れた場合には、会社は話し合いを拒否することができません。もし個人で権利行使する場合には、裁判に訴える必要が出てきます。個人的な話し合いで解決しようとしても会社はほとんど相手にしてくれないからです。しかし、労働組合であれば少なくとも話し合いを強制することができます。しかも、こうした話し合いは「誠実に」行なわなければならないことが法律で義務付けられています。交渉を誠実に行なわない企業に対しては、行政が指導を行なうことになっています。

　次に、団体交渉でなかなか決着がつかないときは、実力行使に訴えることができます。いわゆる「争議」を行なう権利です。もっとも有名な権利はストライキ権です。交渉を有利に進めるために、会社が嫌がる行為を集団で行なうことが、労働組合には特別に認められています。労働組合が行なった正当な行為については、刑事的・民事的に罪に問われることがありません。たとえば、大リーグのプロ野球選手がストライキを行なって、試合が中止になることがあります。球団は多額の損害を被りますが、その責任を選手が取らされることはありません。そうした権利を、日本ではすべての労働者が持っているのです。

　そして、団体交渉で会社と労働者が約束した内容は国によって保護されます。また、争議で決着がつかない場合には、組合が支援して裁判を行なうことも多々見られます。

　労働組合にはアルバイトでも、外国人でも、失業者でも、誰でも加入することができます。また、労働組合は企業ごとに組織する必要もありません。地域ごと、産業ごとなどに集まっている組合もあります。ですから、会社の中に組合がないからといって、労働組合に加入できないというわけではあり

ませんし、また会社の中の組合に入らなければならないわけでもありません。

◆争う中で「権利」が生まれ、発展する

「あいまいな権利」は裁判や団体交渉で争う中で広がっていきます。たとえば、契約社員や派遣社員は半年や1年間と、雇用契約に期間を定めて雇用されています。この期間の満了と同時に雇用が終了することは当然だと思われていました。しかし、最近の裁判では、そうした有期雇用の契約満了に関しても無効にされる場合が増えてきています。非正規雇用問題は多くの労働組合が取り組むようになってきましたし、組合が裁判を支援することも多くなっています。

結果として現在では、期間の満了に伴う非正規雇用の解雇の場合でも、実質的に合理的な理由を要するという、「新しい権利」が確立しつつあります。争いの結果、「使用者は何をしてよくて、何をしてはいけないのか」という社会の線引きが変化してきているのです。権利は争うことで、はじめて実現します。それは過去に争われて確立した権利の行使を行なうということです。そして、その新しい争い自体が、また新たな権利の発展につながっていくのです。

社会は常に変化していくので、新しい権利は常に必要とされています。現在でも派遣労働など新しい労働をめぐって、新しい「正しさ」の線引きが行なわれ続けています（図1、2）。

派遣労働とは、労働者を雇う会社（派遣会社）と実際に働く会社（派遣先企業）が異なる働き方です。派遣先は直接雇用せず、本来雇用に伴うはずの責任を回避するために、派遣社員を使っています。たとえば派遣法は「登録型派遣」という、派遣先の都合でいつでも解雇できる方式を認めてしまっていて、せっかく確立した有期雇用労働者の権利も無意味になってしまいます。

表1　政権交代を実現した民主党のマニフェスト（抜粋）

● 非正規雇用に対する均等待遇の実現
● 子ども手当の創設
● 第二のセーフティーネットの創設（失業対策の強化）
● 雇用保険法の改正（非正規雇用を対象に）
● 最低賃金の引き上げ

※（　）内は筆者解説

しかし、この場合にも、裁判の中では違法な派遣の場合には派遣先に直接雇用をする義務があるとしたケースなど、新しい権利が登場しつつあります。

◇大きなレベルでの権利拡大

　最近では非正規雇用労働が世界的に広がりを見せているなどの理由から、企業別に組織された労働組合の組織率は低下の傾向にあります。労働条件が多様になってきたために、一律に規制をかける労働組合の力が弱まっているのです。そこで重要な役割を果たすようになってきた組織がNPO（特定非営利活動法人）などの市民団体と、地域を拠点に動くコミュニティーユニオンです。

　NPOは多様な労働者のニーズを拾い上げる力を持っています。法律の利用の方法をアドバイスするほか、団体交渉制度について説明しコミュニティーユニオンを紹介することもできます。労働の権利拡張のためには、こうした新しい市民セクターの活躍が期待されています。

　08年冬に行なわれた「派遣村」は、無権利状態の非正規雇用労働者が大量に路上に投げ出され、「歳が越せない」という事態に労働組合と市民団体が協力して対処したものです。

　労働組合と市民団体はその後現場に基づいた主張によって、次々に政策を提案していきました。政権交代を実現した民主党による新しい権利の構築も、こうした労働組合・ユニオンと市民運動の結合によって推進されていく方向にあります（表1）。ユニオンと市民が連合した労働運動は、権利を実現し、権利を生み出し、政治を動かすことができるのです。

　個人で争うこと、労働組合で争うこと、そして市民活動がそれらをサポートすること、これらの活動の広がりが、権利の拡大を支えています。

（今野晴貴）

18
社会に貢献できる企業を育てる

◆まともな労働条件も企業の社会的責任

　環境にやさしい企業、法令順守の企業など、企業がホームページや倫理綱領などで自社の「社会的責任」を打ち出す動きが目立っています。背景にあるのは「企業の社会的責任＝CSR（Corporate Social Responsibility）」を求める世界的な動きです。

　グローバル化が進んで、地域の一員としての企業の自覚が薄れるなか、目先の利益を求めて経営陣が暴走することによる大規模な不祥事が、各国で大きな問題になっています。日本でも、消費期限を張り替えて古い食品を売りつけるなど不祥事が続発し、社内の監視体制はどうなっていたのだと批判の声が挙がっています。

　とくに日本は、労働組合の組織率は18％と極端に低く、会社の監視役が事実上不在といっていい状態です。そんななかで、消費者や投資家、そのほかの社会の成員による「ステークホルダー（利害関係者）」が企業の暴走を監視すること、また、企業がこれらの要求にこたえるよう努力することで、社会の持続可能性を維持する必要が高まっています。これがCSR活動です。

　労働法の規制や安全ネットの充実、労組・働き手のネットワークの強化は、人びとの幸せに最低限必要です。ただ、労組と企業の力関係がこれだけ不均衡になったいま、労組以外の監視役と、企業自身の自発的な努力も必要になっているということです。

　ただ、日本ではCSRというと、企業の社会貢献や企業イメージの向上を図るための寄付、メセナなどに限定されがちです。これは、企業のPRであって、CSRといえるかどうか疑問です。産業分野での国際規格を策定する非政府組織「国際標準化機構（ISO）」は、企業を含む組織全般の「社会的責任」の国際的ガイドラインとして「ISO26000」を2010年に発行していますが、

図1　やさしい社会的責任

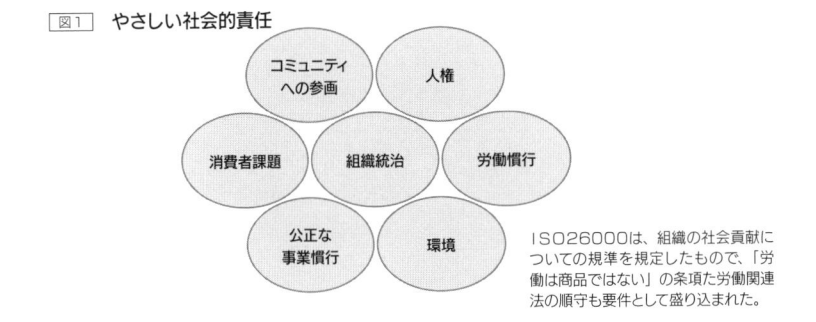

ISO26000は、組織の社会貢献についての規準を規定したもので、「労働は商品ではない」の条項た労働関連法の順守も要件として盛り込まれた。

ここでは中核となる課題として、組織統治、人権、労働慣行、環境、公正な事業慣行、消費者問題、コミュニティ参画・開発を挙げています。まともな労働慣行を保障することも含まれているわけです（図1）。

　企業を社会のものととらえ、人権や平等、労働慣行の改善といった、働き手や社会的弱者にも公正な措置を求めることで、まともな働き方を保障する企業を周囲が育てていく活動が必要です。公正な働き方でつくられた製品を買い入れることで途上国の人びとを支える「フェアトレード」の活動が日本でも注目されていますが、非正社員と正社員の均等待遇を保障したり、サービス残業をさせていなかったりする企業の製品を優先的に購入する「日本版フェアトレード運動」の実施も考えるべきときではないでしょうか。

◆社会的責任を果たす企業に投資する

　働き手は、消費者でもあり、ときには投資家でもあります。不公正で劣悪な労働環境でモノをつくったり、サービスを提供したりしている企業に「お客様」としての立場から改善を求めたり、投資家としての立場から、経営を変えるよう求めるなどの試みが有効な時代です。会社の外からの、形を変えた労働運動といってもいいでしょう。

　その1つが「社会的責任投資」でしょう。Socially Responsible Investmentの頭文字をとって「SRI」とも呼ばれており、社会的少数の雇用や途上国の人たちの生活向上に役立っている、環境にいい事業をしているなど、社会に貢献する企業への投資を通じて、その活動を応援する試みです。

　欧州では、このSRIが運用金融資産の2割弱を占めるとの試算もあります。ノルウェーの政府基金は、軍需産業や健康を阻害するとされるたばこ産業を投資対象からはずしたり、投資先の企業に、劣悪な児童労働の使用をやめさせたりしています。

欧米はSRI投資の9割以上が公務員などの年金基金で占め、額も07年EUで358兆円、米国で254兆円にものぼる大口の投資行動となっています。
　日本では、個人投資家が環境にやさしい企業の株を組み込んだ投資信託を購入するなどの形で、01年の1400億円程度から07年の8400億円と、小規模ながら広がりをみせています。
　たとえば、04年には三菱信託銀行が、女性が働きやすい会社への投資を促す形で設計した「ファミリー・フレンドリー投信」を発売。自身も子育てと仕事の両立で苦労したという筑紫みずえさんが、SRI投資の促進を目指して「グッドバンカー」という投資顧問会社を設立してこうした投信づくりを支援するなどの試みも始まりました。
　こうした動きをとらえて、賃金差別訴訟を有利な解決に持ち込んだのが野村證券の女性社員たちです。女性への賃金差別に抗議して提訴し、02年に一部勝訴を勝ち取りましたが、野村證券は控訴しました。女性たちは、欧州のSRI投資情報会社「GES投資サービス」に出向き、女性の賃金差別訴訟で控訴した野村證券がSRI企業と評価されることに疑問を投げかけました。03年、野村證券はSRI不適格企業リストに乗せられ、英紙にも報じられました。放置すれば、資金調達がしにくくなる事態にもなりかねません。同社の幹部がGESに急行し、同社が育児休業の充実などに取り組んでいることを挙げて反論。04年春には倫理規定に性差別も含む差別やハラスメントを一切行なわないとする条項を盛り込み、これらが評価されて不適格リストからは外れました。原告女性たちは、社員持ち株制度で自社株を持っていたため、同年6月の株主総会に出席して不適格リスト入りについて経営陣にただし、04年秋、原告勝訴に近い内容で和解しました。株式や投資に理解の深い証券会社の社員の持ち味をフルに生かし、労働運動にSRIが有効に生かされた例と言えるでしょう。

世界最大の国際的社会的企業家ネットワーク「アショカ」の日本支部が生まれ、記者会見する日本支部代表（左）の槙加志波氏と米国本部のビル・ドレイトン氏

◇社会的に貢献する企業を起こす

　CSRやSRIだけでなく、最近は世界各地で、「社会的企業（ソーシャル・カンパニー）」を設立する「社会的起業家」が増えています。既存の企業に働きかけるだけでなく、社会に貢献する企業をつくってしまうのです。

　市民が起業を通じて、オルタナティブな社会サービスを提供しつつ、働きやすい職場や良質の雇用も創出しようというこの発想は、財政難と雇用の減少に悩む日本の行政からも歓迎され、09年3月には経済産業省の「ソーシャル・ビジネス研究会」が支援策を盛り込んだ報告書をまとめるなど後押しを始めています。ただ日本では、環境や途上国支援、介護など、サービスの提供や弱者救済に重点をおくところが多く、働き手の労働条件より奉仕、という考え方の組織も、なお目立ちます。

　一方、欧州の社会的企業には、高失業率のなかで雇用創出を目指すものや、社会貢献事業と失業者の職業訓練を抱き合わせたものなど、雇用問題とほかの社会問題の解決とを同時に目指すものが少なくありません。

　英国のバス運行会社では、サッチャー政権下での民営化路線を逆手にとり、ロンドン市内のバス路線をいくつも落札して、運行を担当。貧困地区に低額の運賃での足を提供すると同時に、行政からの職業訓練のための補助金を獲得して失業者を訓練し、自社で運転手として雇うほか、ほかのバス会社にも斡旋します。「職場つき職業訓練場」なのです。仕事は職業訓練を受けただけではみつかりません。仕事の経験や、紹介してくれる人脈が必要で、こうした需要にこたえようとの試みです。

　日本でも、仕事のない若者や障害者などの「居場所」としての社会的企業が出てきました。利益追求優先の企業に代わる、「安心して働ける場」としての社会的企業づくりの知恵が、必要とされています。（竹信三恵子）

COLUMN 2　セクシュアルマイノリティの職場環境

　セクシュアルマイノリティ（62ページ参照）は職場だけでなく、社会の中でも家族の中でも「本来の自分」を認められない、差別されるという状況にあります。
　たとえば、多くの人が「世の中には異性愛の人しかいない」、と考えているので、男性同性愛者が職場の上司に「彼女はいないの？」と聞かれて嫌な思いをしても、我慢せざるをえないでしょうし、就活のとき、戸籍の性と自身の性が異なっている場合は、履歴書の性別の欄になんと書いたらいいのか悩まざるをえないでしょう。同性のパートナーが病気になっても、看護休暇は使えないのが現実です。
　本来は、職場にはさまざまな人がいるのがあたりまえですから、どんな人も差別されないように職場環境を整える必要があります。「セクシュアルマイノリティについて、問題視する、からかう、嫌悪感を示すなど差別的な言動を禁止します」、といった新人研修が各会社で行なわなければならなかったら、セクシュアルマイノリティの働く権利の確立は大きく進むかもしれません。
　海外の状況を見てみましょう。アメリカ最大のセクシュアルマイノリティ権利団体ヒューマン・ライツ・キャンペーン（HRC）は毎年セクシュアルマイノリティにとって働きやすい企業のリストを発表しています。2008年はアメリカン航空、ボーイング社、GAP、ナイキなど195社がチェックリストで満点だったといいます。
　労働関係でいうとILO（国際労働機関＝国際的な労働問題の解決機関）は2002年に「組合が同性愛嫌悪と闘うためのガイドライン」を示していますし、PSI（国際的な公務員の組合の連合組織）ではセクシュアルマイノリティの差別撤廃を目指した宣言を2004年に出しています。PSIの参加団体である自治労（全日本自治体労働者連合）は2009年に「働く人のLGBT入門ハンドブック」を作成しましたが、これは日本の労働組合では初めての独自の試みといわれています。
　日本では、セクシュアルマイノリティの「職場における顕在化」の始めの一歩が踏み出されたばかりといえるでしょう。
　セクシュアルマイノリティの「旗」はレインボーフラッグです。七色は、多様な人の共生を表すもの。自分の色を認めることと同時に、他者の色が何色でも認めることこそが、人権を守ること、という想いが込められています。（遠藤智子）

自殺未遂経験割合　http://www.health-issue.jp/suicide/
刑罰国一覧　http://www.ilga.org/Statehomophobia/ILGA_map_2009_A4.pdf

第**3**章

いのちと健康を守る
セーフティネット

第3章 いのちと健康を守るセーフティネット

19
だれでも医療を受けられるように国民皆保険のしくみをつくりかえる

◆揺らぐ国民皆保険

　日本に国民皆医療保険（国民皆保険）制度が確立したのは、1961年です。これによって、すべての国民は公的医療保険への加入が義務づけられました。病気やけがをしても、保険証があれば誰もが安心して「医療を受ける権利」が保障されたのです。

　この国民皆保険の基盤となるのは、市町村が運営する国民健康保険（国保）です。公的医療保険には、健康保険組合（主な加入者＝大企業の労働者とその家族）、協会けんぽ（主な加入者＝中小企業の労働者とその家族）、共済組合（主な加入者＝公務員とその家族）、後期高齢者医療保険（75歳以上の高齢者）などがありますが、国保はこれらの保険に加入しない農漁業者や自営業者、フリーター、無業者、前期高齢者などが対象です。国保には全国民の約3割が加入しており、医療のセーフティネットの役割を担っています。

　しかし、国民皆保険はいま大きく揺らいでいます。

　2006年8月、広島市内の病院に1人の男性（当時65歳）が救急搬送されました。男性は感染症と脱水症状で、ひどく衰弱していました。数ヵ月間ほとんど食事を摂っておらず、立つこともままならない状態でした。男性はタクシー会社に勤務していましたが、体を壊して辞めてからは無収入のままでした。救急搬送される1ヵ月前には年金の支給が開始されたものの、銀行からお金をおろすこともできずにアパートで倒れていたのです。

　精密検査の結果、男性は末期の肺がんで骨に転移していることがわかりました。医師の診断は余命1ヵ月でした。さっそく入院の手続きをしましたが、男性は肝心の国民健康保険被保険者証（国保証）を持っていませんでした。収入がなく保険料を滞納したために、行政から国保証を取り上げられて無保険となっていたからです。男性は体の異変を感じつつも、国保証がないため

に病院に行けず、病気が悪化するまま放置され続けたのです。男性は救急搬送から3日後に死亡しました。

◆保険料を払いたくとも払えない

　広島市の男性の悲劇は氷山の一角です。男性が、国保証の代わりに所持していたのは「被保険者資格証明書」（資格書）でした。資格書とは、災害・倒産などの「特別な事情」もなく、保険料（税）を1年間滞納した場合に国保証の代わりに交付されます。保険証とは違い、病院などで受診すると医療費を全額（10割）支払わなくてはなりません。

　こうした保険料の滞納者に対する資格書の交付は、「（国保証の）返還を命じることができる」として86年に制度化されましたが、国民皆保険の基盤が崩れるおそれから多くの自治体では交付しませんでした。ところが、97年に保険料の収納率を上げる目的で国保法が改悪され、「（国保証の）返還を求めるものとする」と義務規定に変わりました（2000年施行）。しかも、国保証を返還しない滞納者には、10万円以下の罰則がつきました。つまり、資格書の交付とは保険料滞納者に対する国の制裁措置なのです。

　では、なぜ保険料の滞納が起きているのでしょうか。理由は、国保料があまりにも高額だからです。たとえば、大阪府守口市の国保料（10年度）は、4人家族（40代夫婦と子ども2人）の自営業者（所得200万円）の場合、医療保険と介護保険を合わせた年間負担額は約45万円です。所得の4分の1近くの保険料を払える家庭がどれだけあるでしょうか。国保加入の1世帯あたりの所得水準は、健康保険組合の所得水準の約4割に過ぎません。低所得者が多いために、国保の滞納世帯は加入者の20.8％にあたる約445万世帯（09年6月時点）に達しています。そのうち資格書の交付は約31万世帯、有効期限つきの短期被保険者証（短期証）の交付は約120万世帯です。全日

表1　保険料滞納による年代別死亡者数

	短期証	資格書	無保険	合計
30代	0	0	1	1
40代	2	2	3	7
50代	4	3	4	11
60代	4	2	12	18
70代	0	0	4	4
80代	0	0	1	1
合計	10	7	25	42

全日本民主医療機関連合会調査（2010年1月～12月）

本民主医療機関連合会の調査（10年）によると、資格書や短期証、無保険によって受診が遅れ死亡した事例は、21都道府県で42人が確認されています（表1）。

　高額の保険料を負担できない人たちの「医療を受ける権利」は事実上奪われ、国民皆保険も形がい化しているのです。

◆保険料の強権的取り立て

　国保料が高額になった大きな要因は、国保への国庫負担の削減です。84年、国の国庫負担率が45％から38.5％に削減されて以降、引き下げが続いています。これが多くの自治体の国保財政を赤字に転落させ、住民に高い保険料を課す結果になっているのです。滞納者が増えれば増えるほど国保財政は悪化し、さらに国保料がアップするという悪循環におちいっています。

　こうした国保財政の悪化から、自治体によっては強権的な国保料の取り立てを行なっています。大阪市で飲食業を営む男性（50代）は妻と子ども2人の4人家族です。店の売上げが半減したために数年間国保料を滞納し、資格書が交付されていました。滞納額は約96万円。所得が300万円に満たない男性にはとても払えません。ある日突然、男性に区役所から自宅の「差押書」が届きました。慌てて区役所で納付相談して、毎月5000円ずつ支払うことで短期証が交付されましたが、差押えは解除されず不安な日々を送っています。男性は「(滞納処分で)財産は没収され、行政のものになっていく。『カネのない者はくたばっていけ』ということや」と声を落としました。本来、生活を脅かすような差押えは地方税法で禁止されています。しかし、実際は預貯金や学資保険などを差押さえるケースも確認されています。生存権（憲法25条）を侵害するような自治体の行為は、許されるものではありません。

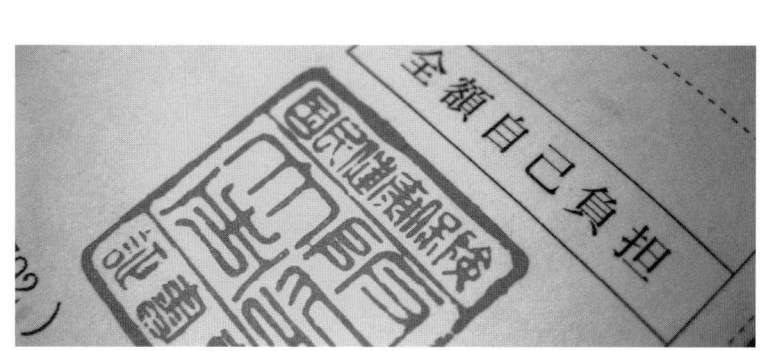

資格書には全額自己負担の文字が

◆国民皆保険を守るために

　「医療を受ける権利」を奪われ、まっさきに犠牲になるのは子どもや高齢者などの弱者です。経済的理由で、こうした命が脅かされることはあってはならないことです。親の保険料滞納で、病院に行けない「無保険の子」が社会問題化しました。10年に国保法が改正され、高校生世代以下の無保険の子どもに短期証（期限6ヵ月間）が交付されるようになりました。

　08年度に導入された後期高齢者医療制度も大きな問題を抱えています。保険料は年金から天引きされる一方、滞納すると国保同様に資格書が交付されます。医療を受ける頻度の高い高齢者を排除する制度は改めなければなりません。

　国民皆保険を守るためには、国保を社会保障制度として明確に位置づける必要があります。前述したように、国保は国民皆保険の要であり、「受益者負担」のもとに無保険者を切り捨てるのは社会保障の理念に逆行します。

　日本の医療費（08年）の対GDP比は8.1％で、主要先進諸国（10％以上）と比較しても低水準です。国民皆保険が揺らいだのは、国の医療費抑制政策にあるのです。高すぎる国保料を引き下げるには自治体の努力だけでは不可能です。まず、国保への国庫負担率を50％に引き上げることが急務です。保険料負担も、収入に応じて課す「応能負担」にすることが公平かつ公正です。加えて、3割の病院窓口負担（高齢者1割〜3割）を軽減すべきです。とくに、子どもや高齢者の窓口負担を無料化するなどの大胆な施策が求められます。OECD（経済協力開発機構）加盟30ヵ国のうち、半数の国々では窓口負担が原則無料です。

　国民皆保険の構築は国の責務です。「医療を受ける権利」を保障することは、この国の社会保障全体の底上げにもつながるはずです。（平舘英明）

20
低所得者の医療負担を軽くするしくみづくり

◆お金と相談しながら治療する

　40代の男性Aさんには気管支喘息の持病があります。喘息はかつては怖い病気でしたが、現在では治療薬の進歩で、きちんと治療を続けていれば死ぬようなことはめったにありません。Aさんは派遣労働で、生活保護にならない程度の収入があり、国民健康保険証も持っています。しかし、なかなか治療代が払えないため、苦しい発作を起こしてようやく病院を受診することを繰り返しています。ときには、ひどくなって救急車で搬送されることもあるようです。治療の継続が必要とわかっていても、「仕事を休むと生活が苦しくなるため、なかなか病院に行けない」というのです。そして、薬や検査に関しても、お金を気にしながら必要最小限にしなくてはなりません。

　わたしの勤務する診療所は、横浜の寿町という日本で3番目に大きな「ドヤ街」の中にあり、患者さんの90％以上が生活保護という珍しい診療所です。「ドヤ」とは正式には「簡易宿泊所」と言い、一部屋4畳位の個室で、トイレ、炊事場が共同で敷金礼金は不要という形の宿泊所です。高度経済成長期に港湾や建築現場などで働く日雇い労働者のためにできた宿です。しかし、近年、公共事業の縮小や、不況による仕事の減少、高齢化により住民の80％以上が生活保護世帯となっています。

　「生活保護の人たちの治療費はどうなっているのだろう？」と心配される方もいられますが、治療費は原則公費で支給されるため、医療に関しての心配はほぼなくなります。むしろ日本で一番苦しいのは、じつは生活保護にならないぎりぎりのラインでがんばっているAさんのような低所得者層の方です。

◆世界的にみても高い患者の個人負担

　Aさんのような人たちを苦しめるのが医療費の「患者負担」の高さです。

患者負担には①保険料②窓口負担③差額ベッド代などの非公式な負担、があります。じつは、①〜③すべて合計した日本の患者負担はG7の中でもトップといわれるほど高いのです。

　①の保険料は、とくに低所得層が多く属する「国民健康保険料」の問題があります。近年、保険料が高騰し、保険料が払えない滞納者が増加しています。保険料を1年以上滞納すると「資格証明書」が発行され、事実上の「無保険者」となってしまうのですが、こうした中で手遅れになる人が多数でてきており、深刻な問題となっています。

　②の窓口負担は、ここ30年でゼロから3割負担と急増し、公的医療保険をもつ先進国の中ではかなり重い負担となっています。2006年のWHOのデータによれば、窓口で日本の患者負担割合は21.1％で、フランス11.6％、英国12.6％、ドイツ13.7％、アメリカ15.5％、カナダ16.3％と比較しずば抜けて高いことがわかります。高い個人負担は、低所得者層の受診抑制を生みます。08年日本医療政策機構が行なった調査によれば、「過去12ヵ月以内に費用がかかるという理由で、具合が悪いところがあるのに医療機関にいかなかった」のは全体の31％で年収300万円以下の低所得者層で39％に達し、年収800万円以上の高所得層では18％と2倍の格差が見られました。また、同じ理由で「薬を処方してもらわなかった」のは全体で12％、低所得層では16％、高所得層で2％とやはり大きな格差がみられました。

　受診抑制は生活や生命に直結します。早めに受診したり、継続的な治療をうけていれば助かる人も、我慢しすぎたために手遅れになったり、障害を残したりすることになりかねません。

　③の非公式な負担も、低所得層にとっては大きな負担になっています。その1つに「差額ベッド代」があります。これは病院が言い値で設定し徴収できる「個室」料金で、保険がききません。最近は経営改善を図ろうと、個室

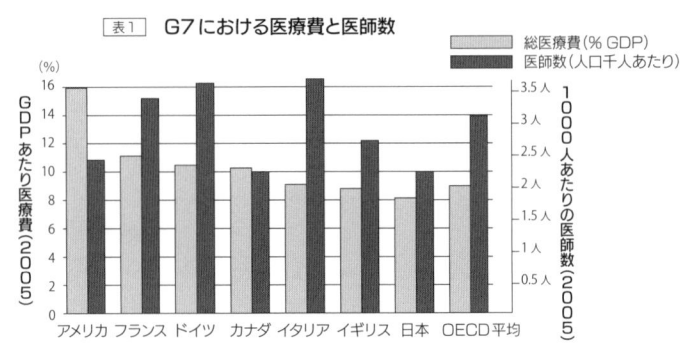

表1　G7における医療費と医師数

　　　総医療費(% GDP)
　　　医師数(人口千人あたり)

出所：OECD Health Data 2008

を設ける病院が増加しています。治療費が公費で支給される生活保護の場合でも、差額ベッド代は支給されないため、医療を受けるにあたり大きな壁となります。わたしも自分の患者さんの入院を依頼した際「現在個室しか空いていないので生活保護の方なら無理です」と断られることがしばしばです。

　なかには、緊急事態で病院に搬送され、個室しか空いていなかったためにやむなく個室に入院したにもかかわらず、病院に「個室代を払えないのであれば転院を」と迫られたケースもあります。このような日本の患者の高い医療負担は、低所得者層を医療から遠ざけるような「効果」をもっています。

◆現在でも使える制度

　30代のBさんにはバセドウ病という、甲状腺ホルモンが出すぎてしまう持病があります。治療を中断すると、悪化し命にかかわることもあり、継続的な治療が必要です。しかし、数年前に離婚し2人の子どもを抱えいるBさんは派遣労働でフルタイムで働いても月10万円の収入しかありませんでした。国民健康保険証はあるものの、治療費の負担が重いため、やむなく治療を中断していました。偶然、「無料低額診療制度」の存在を知り、病院に相談に行き、無事に治療を再開することができました。

　「無料低額診療制度」は、医療が必要にもかかわらず、生活の困窮を理由に医療費の支払いが困難な人に対し、都道府県に認可を受けた医療機関が、医療費の減額または免除を行なう制度です。構造改革の最中には厚生労働省は、制度の拡大を実質抑制してきました。しかし、経済情勢が悪化する中で、近年は「窓口となる都道府県・中核都市の判断」で申請を受理するようにと若干の変化をみせています。

　また、こうした制度以外にも、「高額療養費制度」など、低所得者の負担を減らすための諸制度があるのですが、存在が知られていなかったり、また、

表2　医療費と労働生産性

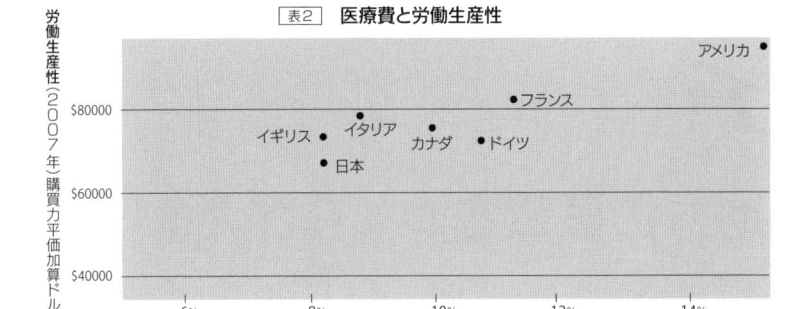

縦軸：労働生産性（2007年）購買力平価加算ドル
横軸：GDPあたり医療費（2005年）

プロット：イギリス、イタリア、日本、カナダ、ドイツ、フランス、アメリカ

OECDNational Accounts of OECD Countries vol.1 2008 Edition.OECDL abor Force Statistics 2007Edition およびOECD Health Data 2008より引用し著者作成

煩雑な手続きがあるため利用が進んでいないのが現状です。不況の中で低所得者層が受診抑制をしている現状に対して、こうした制度の存在をアピールしたり、病院に医療ケースワーカーをきちんと配置し積極的に相談に乗るなどの対策が、緊急避難的にも必要と思われます。

◇「医療亡国論」からの脱却を

現在の日本の医療制度は、高い個人負担で低所得者層に受診抑制が働くような構造的な問題をかかえています。このような構造を生み出したのは、80年代の「医療亡国論」に基づく政府の「医療費抑制政策」にあります。「医療亡国論」とは簡単にいえば、「医療費の増加が社会の足を引っ張り、経済成長を抑制する」という考え方です。この考えに従い政府や厚生労働省は医師を減らし、自己負担を増やし、国の医療費負担を削減してきました。この結果、日本は現在G7では医療費（対GDP比）、医師数ともにG7では最下位となりました（表1）。しかし、それを無視してさらに医療費を削減したために、社会的に弱い低所得者層を圧迫するにとどまらず、医療の供給体制全般に支障をきたしています。

では、医療費が高い国は競争力が下がっているのでしょうか？　国際的に見ると、競争力が高い国は、日本よりも医療費が軒並み高いことがわかります（表2）。健康に不安を抱えたままでは、労働も消費も困難になります。健康への不安がなくなってこそ、労働も消費も可能になるのです。経済を立て直すためにも、まずは低所得者でも安心して医療にかかれるよう、患者の個人負担を軽減するような制度につくりかえる必要があります。そしてそれを実現するための財源確保について、社会全体で知恵を絞り議論をしていく必要があると思われます。（鈴木　伸）

21
地方の医療をつくりかえる

◆ 「高知医療センター」の病根は高額給与体系

　地方の医療崩壊に歯止めがかかりません。とくに市立、県立などの自治体病院が惨憺たる状況です。共倒れの危機に直面した自治体病院は、小泉政権下、「官から民へ」の大号令のもと再編・統合、民営化、独立行政法人化などの「延命策」に走りました。しかし、その反動は大きく、「官から民へ」は対症療法にすらなっていません。その一例をあげましょう。

　高知県では2004年、赤字化した県立病院と市立病院を統合し、民間の経営ノウハウを活用した「PFI（プライベート・ファイナンス・イニシアティブ）」方式による「高知医療センター」が設立されました。同医療センターは、オリックスグループを中心とする「高知ピーエフアイ」と病院建設や医療周辺業務の運営について、期間30年、総額2130億円の契約を締結。自治体直営に比べて200億円以上の経費削減ができると大見得が切られました。

　ところが、です。開院後から赤字経営が続き、08年度末の累積赤字は約79億円。7億600万円の資金が不足し、県と市が補填しました。この公金注入は、年間30億円超の税金を病院に回す「繰入金」とは別枠なのです。

　そして、とうとう10年3月、医療センターと高知ピーエフアイはPFI契約を解除。再び自治体の直営に戻されました。

　県と医療センターは、赤字の理由を「材料費の高さ」と決めつけています。オリックス側が契約時に医療収益に占める医薬品など材料費を23.4％に抑えると目標設定したにもかかわらず、実際は29％程度のまま減らなかった、と説明しました。もっともらしく聞こえますが、言いわけにすぎません。

　病院経営の常識からすれば、医療センターのような急性期病院で材料費3割は高くありません。そこを「効率化」で減らせると甘言を弄したオリックス側の責任は大きいのですが、そもそも医業収入に連動する材料費を削減し、

表1　6月中の1病院あたり患者数、入院・外来別の年次推移

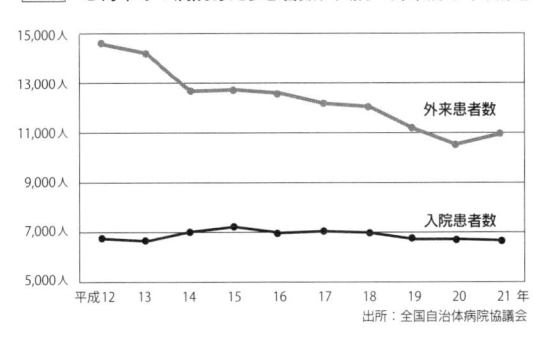

出所：全国自治体病院協議会

はたして経営は安定するのでしょうか。

経営上、最大の問題は、医業収入比率に対して60％を超える人件費なのです。高知医療センターの職員1人あたりの人件費は、同種の民間病院に比べて4割以上高かったそうです。オリックス側もまた年間の人件費、マネジメント料を5億円の高額で固定していたといいます。どっちもどっちです。職員の高額な給与体系は、自治体病院の多くが抱える「病根」なのです。

◆ なぜ患者は自治体病院から「逃げる」のか

とはいえ、全国規模で眺めると、自治体病院のシェアは、病床数では14％ですが、救命救急センターの病院数は38％、へき地医療拠点数は72％を占めています。自治体病院が地方の医療を支えていることは間違いありません。

その支柱が、折れかかっているのです。何が原因でしょうか。病院経営にかかわる内的要因と、国の政策による外的要因に分けて考えてみましょう。

内的要因は、いうまでもなく「長年の赤字体質」。根底には「地域住民の医療ニーズ」を満たせていない現実が横たわっています。病院は、地域のニーズに応えてこそ、患者が集まり、経営も安定しますが、現状は患者がどんどん減っています（表1）。統計的に住民ニーズの75～80％は「体調を崩したら、気軽にかかれる」一般病院や診療所に向かい、残り20～25％が「臓器別」の専門医療に振り分けられます。住民が期待するのは「ふつうの病気を診てくれること」なのです。

しかしながら、大学医局からの医師派遣に頼る自治体病院は、高度に専門化した大学病院の「縮小版」になりがちです。規模は小さいのに各診療科に専門医を置き、紹介された患者を診たがります。でも医療設備も技術も接遇も中途半端。だから患者が逃げます。行政は病院経営を知らず、機能不全。住民から見放されてしまう。そんな悪循環に陥った病院が多いのです。

表2　多額の累積赤字を抱える自治体病院　2006年度未処理欠損ワースト15

出所：平成18年度「第54集地方公営企業年鑑」

	欠損金額(億円)	病院名	団体名	病床数(一般・療養計)	一日平均入院患者数	一日平均外来患者数	職員数
1	208.4	県立広島病院	広島県	765	590	1,248	905
2	199.0	市立境病院	堺市(大阪府)	493	416	1,115	495
3	190.1	神戸市立医療センター西市民病院	神戸市	358	304	981	415
4	157.8	神戸市立医療センター中央市民病院	神戸市	912	794	1,915	1,254
5	144.9	市立豊中病院	豊中市(大阪府)	613	576	1,469	705
6	143.7	横浜市立脳血管医療センター	横浜市	300	203	129	409
7	141.7	むつ総合病院	一部事務組合下北医療センター(青森県)	486	406	1,648	651

　一方、外的要因の最たるものは小泉政権下の「市場原理主義」による医療改革です。なかでも診療報酬の減額は強烈でした。「新臨床研修制度」の発足も「医師引き揚げ」を招いています。新制度で研修医が大学の医局支配を脱し、研修先を選べるようになったことは基本的には正しい方向です。

　ただし大学病院は急激な変化で人員不足になるのを警戒し、派遣していた医師を一斉に引きあげました。自治体病院は、収益をあげる医師が去ったにもかかわらず、ほかの職員を高給のまま雇用し続け、赤字が膨張しました。

　そこに「地方公共団体の財政の健全化に関する法律」が追い打ちをかけました。同法の施行で、赤字の割合が標準財政規模の4割を超えた自治体は国から「財政破綻」の烙印を押されるようになりました（表2）。そのうえ08年度決算から、従来は自治体の一般会計から切り離されていた自治体病院の会計を連結することが決定。これで赤字の補填が難しくなったのです。

　自治体病院頼みの地方では、「住民の生命か、財政か」という憲法25条の「国民の生存権」を無視した二者択一を迫られています。このように内的要因と外的要因は絡まって、自治体病院を追い込んでいるのです。

◆ブラックボックスを納税者に開示する

　自治体病院を立て直すには、まず、経理、財務状況を納税者の前に明らかにしなくてはならないでしょう。かつては市民病院の鑑といわれながら医師の大量退去で揺れる舞鶴市民病院なども財務状況を表に出しませんでした。危機を訴える自治体病院は、赤字額は言い募るけれど、職員の給与体系や患者数と医業収益、医業費用などの細かい数字を開示しようとはしません。診療科別の実態が明かされなければ、経営の改善など絵空事でしょう。

　自治体病院は自らメスを入れ、情報を開示してほしい。そのうえで、理解を得て、必要なところにしっかり税金を回すのが筋でしょう。

8	137.7	大阪市立十三市民病院	大阪市	280	209	653	256
9	137.4	市立札幌病院	札幌市	810	697	1,984	880
10	134.8	北海道立江差病院	北海道	204	128	422	203
11	133.1	兵庫県立こども病院	兵庫県	290	230	345	610
12	130.3	千葉県循環器病センター	千葉県	220	178	404	352
13	130.2	栃木県立がんセンター	栃木県	357	281	422	379
14	127.8	沖縄県立宮古病院	沖縄県	393	267	461	262
15	125.1	北九州市立門司病院	北九州市	155	106	149	99

　また、国がやるべきこともたくさんあります。第1に、小泉政権下で抑えられてきた公的医療費を拡大すること。第2に、医師数を増やすこと。民主党のマニフェストには「地域医療を守る医療機関の入院については、その診療報酬を増額します」「4疾病5事業（4疾病＝がん、脳卒中、急性心筋梗塞、糖尿病、5事業＝救急医療、災害時における医療、へき地の医療、周産期医療、小児医療）を中核的に扱う公的な病院（国立・公立病院、日赤病院、厚生年金中央病院など）を政策的に削減しません」と書かれていました。赤字の公立病院の再編・統合に歯止めをかけていると読みとれます。

　この政策転換は、自治体病院組合員を擁する「自治労」が民主党の最大支持団体「連合」の医療政策に影響を与えたからだといわれています。自治体病院は、首の皮がつながりました。しかし延命策は根治策ではありません。病院自身が地域ニーズをとらえ、住民と歩む医療機関に変わらなければなりません。そうしないと財源問題で政権が行き詰ったら、暗礁にのりあげます。

◆住民ニーズをとらえた病院に変われ

　地方で衰退する病院の根本的再生策は、「地域住民の医療ニーズ」を満たす方向への転換です。地方分権の視点で病院を地域の求める医療にフィットさせなければなりません。たとえば「保健」や「病気予防」のプライマリー・ヘルス・ケア（地域住民を主体とし、保健師や介護士と連携して取り組む包括的ケアである、ゼロ次医療）活動を通して、住民と向き合うことも大切です。住民の「健康講座」や「介護講座」への関心は低くありません。病院のスタッフが住民と日常的にかかわる機会を増やし、ニーズを受けとめる回路をつくる。優れた民間病院は、あたりまえのように「医療モニター」を抱えています。住民が胸襟を開いて医療者側に「言いたいことが言える」場が求められています。まずは対話が必要なのでしょう。（山岡淳一郎）

22
救急医療をつくりかえる

◆脳内出血の妊婦、たらい回し事件

　2008年10月、東京都内で衝撃的な事件が発生しました。脳内出血を起こした36歳の妊婦が緊急時の受け入れ病院をたらい回しにされ、出産後に死亡したのです。妊婦は激しい頭痛と嘔吐のため、救急車でかかりつけの産科医院に運ばれました。担当した女性医師は、緊急手術が必要と判断し、リスクの高い妊娠に24時間対応する「総合周産期母子医療センター」に指定されている都立病院に受け入れを要請します。

　ところが「当直医が1人で、受け入れられない」と断わられました。都立病院では医師の退職が相次ぎ、週末の当直を2人から1人に減らしたばかりだったのです。しかも、その日は、土曜日。産科医院の女医は、さらに6つの病院に受け入れを求めましたが、いずれも出産に対応していたり、破水した妊婦が待機中だったりして、拒絶されます。

　最初に連絡をしてから1時間以上経って、ようやく都立病院が患者を受け入れ、緊急の帝王切開で赤ん坊は無事に産まれました。しかし母親は3日後に亡くなりました。「東京で、まさか……」と多くの人が言葉を失いました。

　このケースでは、緊急に帝王切開ができる産科医、脳外科医さらに麻酔医とさまざまな医療スタッフが必要だったとはいえ、大都会の週末の救急体制の危うさが露わになりました。背景には救急医不足があります。

◆救急診療や時間外診療の分担システム

　わたしたちは、脳卒中や心筋梗塞、大けがや子どもの突発的な病気など、緊急事態で搬送される先には救急医がいるだろう、いてほしいと思いがちです。一方、病院側からみると、どんな病気であれ、まず患者を「初期診断」しなければなりません。それは必ずしも専門的な救命処置を身につけた救急

医が担当する必要はないのです。総合的に患者の状態を把握して、初期診断ができる医師なら内科医でも、外科医でもかまいません。

　もちろん患者の意識がなく、大量出血で血圧が降下しているとか、明らかに重篤な場合は、救急医が即座に救命処置を行なわねばなりません。救急医の出番です。けれども高熱の患者でも、会話ができるようなら、総合的に診られる医師が初期診断をし、専門の診療科へ振り分ければいいのです。

　本来、外科であれ、内科であれ、病気の診断をつける基礎的な力は欠かせません。救急の初期診断は、若い研修医を鍛える機会にもなります。救命ノウハウを身につけた救急医がいちいち出て行かなくてもいいはずなのです。

　ところが、われわれ一般人は救急窓口には常に救急医がいて助けてくれるもの、と期待します。とくに夜間や休日、医療機関の働きが弱まっている時間帯に体調が急変したら、不安で救急にすがりつきます。

　誤解を恐れずにいえば、夜間や休日は病院側にとって「時間外診療」の範疇なのです。外来の初期診断は、何科の医者であれ、できる者がやればいい。しかし、世間はその現実をなかなか受け入れようとせず、病院の実情との間にギャップが生じています。

　病院側は、世間が描くイメージにひきずられます。その結果、救急医は、救急外来の名目で当直の時間外診療を押しつけられ、命に別状のない患者を大勢診ているうちに、へとへとに疲れていくのです。

　はたして、救命ノウハウをもつ貴重な人材を実態にそぐわない医療像で潰していいものでしょうか。救急医療をつくりかえるには、わたしたち患者側も初期診断や時間外診療は総合的な診断力を持つ医師が担うことを認める意識改革が必要です。また往々にして、臓器別に研鑽を積んだ専門医は専門外の病気を診るのをいやがります。肝臓の専門医は頭痛を訴える患者を診ようとはしません。まして告訴リスクがつきまとう救急となれば、なおさらです。

佐久病院のドクターヘリの出動風景

　と、するならば、病院の経営者には、初期診断ができない専門医をそろえるのではなく、一般医を育てて救急部門の負担を他の診療科に分散させる発想が求められます。

　そして数少ない救急医が本来の使命感に燃え、重篤な患者により早く接して命を救うしくみを構築しなくてはなりません。「救急搬送」と「救急医療」の連携強化が、その早道になるでしょう。たとえば人間の命に直結する救急業務は、市町村から都道府県の行政単位に移し、救急本部には経験を積んだ医師を24時間体制で配置。救急医は、高速の移動手段で現場に行って処置をし、患者を搬送するのです。「ドクターヘリ」は、そのモデルです。

◆佐久総合病院のフライトドクター

　長野県の佐久総合病院は、05年、日本で10番目にドクターヘリを導入しました。ヘリは夜間飛べないので活動時間は朝8時頃から17時ごろまでです。出動要請は、119番通報を受けた救急隊員から入ります。重症を予想した救急隊員が、救急車で現場に到着する前に運航管理者へ出動を要請してきます。先を読んで早目に出動要請を行なうことが重要なのです。

　現在、ドクターヘリは16道府県で18機運航されていますが、その平均患者搬送時間は10分少々。救急車の40分台に比べはるかに優れています。

　ドクターヘリの最大の強みは、その名のとおり、医師（フライトドクター）と看護師（フライトナース）が現場に直行し、救急隊には禁じられている投薬などの医療処置を行なえる点にあります。救急医が現場で負傷者や病人を診て、処置をし、生命の危機がなくなれば救急車で受け入れ先の病院へ運びます。危険な状態が続くようなら、応急処置をしながら、ヘリで患者を救命救急センターのある病院へ搬送します。

　09年春、こんなケースがありました。70代の男性がトラクターごと、深

ドクターヘリの内部。提供：佐久病院

さ2メートル以上の用水路に転落。重機の下敷きになって、骨盤骨折と肝臓破裂の重傷を負ったのです。救急車で搬送していたらとても助かりません。

ドクターヘリで現場に直行し、その後の治療にも当たった佐藤栄一医師は、次のように語りました。

「1人で患者さんを診ているのではなく、周りの他のドクターや看護師、コ・メディカル（薬剤師、臨床検査技師、理学療法士、医療ソーシャルワーカーなど）が支えてくれているから、過重労働といわれてもやっていられるのです。当直にしても、うちは救急をすべての診療科がバックアップしてくれています。だから、われわれはがんばれるのです」

◆救急医療をつくりかえる原動力は大勢の「志」

高度な救命救急の最前線も、じつは人と人のサポートで成り立っています。ドクターヘリは、ややもすると劇的な活躍ぶりに目を奪われそうになりますが、重要なのは、いつでもどんな重症の患者でも引き受けられる病院の態勢が整っているかどうか。屋上のヘリポートではなく、その下の病院の内実が問われているのです。ヘリコプターと救急医をそろえても、ドクターヘリは飛ばせません。佐藤医師は、救急医の役割をこう述べます。

「現場で気管挿管や止血、点滴、薬剤の投与なども行ないますが、それだけではありません。わたし自身は、患者さんに寄り添う、救急医療のコーディネーターだと思っています。真っ先に接して、できる限りの処置をして病院に運び、いろんな医師、看護師、コ・メディカルがかかわるなかで、その患者さんにとって最良の治療を考え、実行していく。大事なのは、病院の都合でなく、患者さんに必要な治療をすること。救急医療の総合医でありたいですね」

救急医療をつくりかえる原動力は、医療者だけでなく、一般市民も含めた大勢の人びとの「志」なのでしょう。（山岡淳一郎）

23
周産期医療をつくりかえる

◇安心して出産できない！

　近年、救急車で搬送される妊婦が入院を拒否されて死亡するなど周産期医療にかかわる事件が多く報道されるようになり、周産期医療の危機が社会的にも知られるようになりました。周産期医療にかかわる問題が2006年に全国各地でつぎつぎと表出しました（表1）。

　周産期とは出産前後の期間を意味しており、世界標準（国際疾病分類）では妊娠22週から出産・出生後7日未満と定義されます。合併症のある妊娠や分娩（出産）時の新生児仮死（呼吸や循環の不全で、脳や神経の後遺症にかかわる要因）など、母体・胎児や新生児の生命にかかわる事態が発生する可能性があります。周産期を含めた前後の期間における医療は、突発的な緊急事態に備えて一貫した総合的な体制が必要であることから、とくに「周産期医療」と表現されます。

◇産科医が不足している

　医療崩壊とは、これまでわが国において維持されてきた高水準な医療を供給し続けることができなくなった状況を意味します。周産期医療崩壊の主要な原因は産科医（主たる診療科を産科もしくは産婦人科とする医師）の不足だと言われています。

　需要（妊婦）側の状況をみると、出産数が減少する一方で、晩婚化の影響でハイリスクな高齢出産の数が増加しています。35歳以上の母親による出産数は2006年に19万2914人で、10年前（1996年）と比較して1.6倍に増加しました。出産数に占める割合は17.7％で1.8倍の増加でした。すなわち高度な周産期医療の需要（ニーズ）が増大したのです。

　供給（医療）側の状況をみると、産科医は2006年に1万74人で、10年

表1　周産期医療の危機を表出した2006年の事件

福島県立大野病院産科医逮捕事件

　福島県立大野病院で帝王切開手術を受けた産婦が死亡したことにつき、手術を執刀した同院産婦人科の医師1人が業務上過失致死と医師法違反の容疑で2006年2月18日に逮捕、翌月に起訴されました。2008年8月20日、福島地方裁判所は、被告人の医師を無罪とする判決を言い渡し、検察側が控訴を断念したため判決が確定しました。

神奈川県堀病院の看護師内診問題

　2006年8月、年間出産数が約3,000人という日本有数の産婦人科病院である堀病院(神奈川県横浜市)および職員宅など関係先24ヵ所が家宅捜索されました。容疑は、助産師業務の制限を規定した保健師助産師看護師法違反(看護師による内診)で書類送検されましたが、横浜地方検察庁は不起訴処分としました。

前と比較して2161人(17.7％)減少しました。出産数の減少を調整した産科医数でも9.1％の減少でした。また、産科病院(産科もしくは産婦人科を標榜する病院)は2006年に1576施設で、10年前より572施設(26.6％)減少しました。出産1000に対して1.44で、18.9％の減少でした。すなわち、少子化の進行以上に産科医が減少しており、身近なところで産科医療が受け難くなったのです。

◆周産期医療の崩壊が加速する負のスパイラル

　産科医が減少した背景には、過重労働、医療訴訟という2つの問題があります。

　出産は昼夜を問わないうえ、分娩に伴い長時間(正常経腟分娩の所要時間は、経産婦では約7時間、初妊婦ではその2倍。ただし個体差が著しい)拘束されますし、妊娠経過が順調でも出産直前に予想外の異変が起きることがあるので、勤務は激務で不規則です。そして産科医が減れば、過重はいっそう増悪します。帝王切開などリスクを伴う分娩を病院勤務医が無理なく扱えるのは年に150件程度までとされます(日本産科婦人科学会)が、これを超える二次医療圏(都道府県が策定する医療計画の地域区分)が3割を占めます。

　2008年度の診療報酬改定では、産科が重点的に加算されました。しかし病院勤務の医師からは「加算された分は病院の収入となっただけ。自分たちの報酬にはつながっていない」という声が上がりました。診療報酬が高額になったからといって、産科医の給料だけを例外的に上げることは難しいのです(とくに国公立病院では)。また例外的に高給契約した市立総合病院の産科医がいましたが、一部の市議会議員による攻撃的発言や中傷などが報道されました。給料の現状維持、休日の補償(休みが年末の2日間だけという前年状況の改善)を要望した医師に対して、市側は給料、休日補償の両者とも受

> **大淀町立大淀病院事件**
>
> 2006年8月7日、奈良県大淀町の町立大淀病院で出産中だった32歳の女性が脳内出血を起こし、転送先の病院で出産後に死亡しました。死因となった脳内出血と、担当医が診断した子癇(妊娠、分娩、産褥期に突然けいれんを起こし失神する病気で、死亡率が高い)発作との判別は困難なため、検察は刑事責任を問えないと判断し、刑事事件としての立件を断念しました。しかし遺族は病院側の対応を不満とし、損害賠償訴訟を起こしました。

容できず、契約は更新されませんでした。「産婦人科では医師と助産師、看護師のこれまでにない協力体制ができつつあり、妊婦らによる医師の評判は良く、信頼も厚かった」そうなので、離職は医師にとって苦渋の決断だったことでしょう。

　高度な周産期医療を要する症例(妊婦)数の増加は、医学的リスクを高めます。一方、出産は安全という思い込みが国民に定着しているせいか、医療事故が発生すると訴えられる確率が高いのです。医療関係訴訟事件の新受件数は10年間に約2倍に増加しましたが、医師1000人当たりの年間新受件数を診療科目別にみると産婦人科が12.4で最多(最少である小児科の6.2倍)でした。訴訟の多さは、新規就業の減少、離職の増加をもたらします。また、訴訟や刑事訴追が多ければ、産科医はリスクの高い患者の診療を忌避するようにもなります。

　産科医の減少が過酷な労働環境をさらに増悪させ、過重労働が医療事故を誘発して訴訟となる、そして産科医の減少がいっそう加速される。負のスパイラルになっており、周産期医療の崩壊が加速しています(図1)。

◆社会制度と国民理解が周産期医療を再生させる

　産科医が減少する負のスパイラルを止める施策について考察してみましょう。

　産科医が安心して働ける環境があることがまず必要です。緊急時の対応には複数の産科医が必要ですが、現状で複数体制を組める施設は一部に限られます(産科医1人の体制で救急搬送を24時間受け入れている小規模な公立病院が数多くあります)。行政的視点からは、施設を集約して周産期医療の機能強化を図る(施設数を減らして、1施設当たりの産科医数を増やす)という解決策(?)が提言されています。民間レベルでは、緊急時に開業医らが

図1　周産期医療崩壊をもたらす産科医減少に関わる負のスパイラル

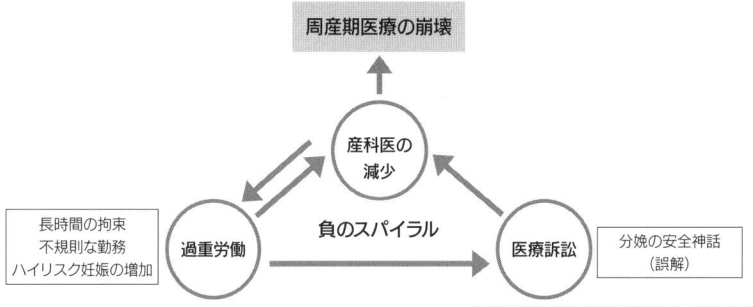

周産期医療の崩壊 ← 産科医の減少

長時間の拘束／不規則な勤務／ハイリスク妊娠の増加　— 過重労働　← 負のスパイラル →　医療訴訟　— 分娩の安全神話（誤解）

生水真紀夫による図（2008）を改変して筆者作成

集結して、周産期医療を支えている地域があります。静岡県中西部の志太榛原地区（藤枝市など4市2町）では、帝王切開手術や緊急のときには開業医（産科開業医5人と無床婦人科開業医3人）が、別の医院へ応援に出向いて支え合っています。1人が駄目でも誰かがカバーできます。「応援があるなら、やっていけるかも」と、この地域での開業を決めた産科医もいます。

ハイリスクな出産で高度医療施設が利用され、通常の出産はこれ以外の医療施設（診療所、助産所を含む）で行なわれることが、資源を有効活用する観点から望まれます。（人口10万に対する）産科医数が最少である滋賀県の大学病院では、連携登録した産院や助産院が健康診断やリスクの低い分娩を担当し、ハイリスクの分娩は大学病院で管理するシステムを取り入れています。妊婦に対してはホームページなどを通じて自己判定を呼びかけ、妊娠リスクに応じた医療機関を選ぶように勧めています。

訴訟を減らす取り組み、および医療事故を補償する制度も欠かせません。ハイリスク妊娠の増加もあってか、妊産婦死亡率や周産期死亡率の低減は鈍化しています。「元気な子どもの親に全員がなれる保証はない」ことを国民が知っている（妊娠前に知ることが望ましい）ことで、誤解による医療訴訟を防止することが期待できます。産婦人科訴訟の中には、医療過失によらない事故が多くあります。これに対応する無過失補償制度が2007年に創設されました（保険料は実質的には国が負担します）。

産科医の減少が止まり増加に転じれば、労働環境が改善されます。誤解による医療訴訟が減り、過失によらない事故が補償されれば、本来の医療を行ないやすくなります。新しい生命の誕生にかかわる崇高な仕事が安心してできる環境があれば、産科医の離職は減速し、産科に進む若い医師は増加するはずです。社会制度と国民理解によって、周産期医療は再生されます。

（石井敏弘）

COLUMN 3　小児科医不足を解決する試み

　日本小児科学会の認定医は1万2000人程度で、ここ10年以上、横ばいです。一方、少子化で小児科の需要は減るのではなく、逆に少ない子どもを両親、祖父母が大切（神経質）に育てるため、小児科専門医への需要は激増。しかし、小児科医は不足し、超過勤務の連続です。

　とくに夜間・休日の小児救急に患者が集中します。共働きで、夜子どもと接する親が増えたこともあって、救急診療の必要がない子どもまで親が連れてきます。いわゆる「小児救急のコンビニ化（＝24時間、気軽に受診）」現象が起き、小児科医の激務が続くのです。

　小児科医の3割は女性で高齢化が進んでいます。また30歳以下の若い小児科医の中でも女性医師の割合が4割近くあり、結婚や出産で離職したり、就業時間を減らしたりする人も多く、慢性的な医師不足に陥っています。

　そこで子育て中の女性医師を対象にパート勤務を認め、保育所を併設して子どもを預かる医療機関も現れました。最近は小児科の診療報酬も高く改定され、低報酬でハードワークのイメージは徐々に改められつつあります。しかし「焼け石に水」の観は否めません。

　このような状況下、病院の勤務医と診療所の開業医が組織の枠を超え、地域で大同団結して小児救急に当たる動きが注目されています。兵庫県伊丹市の「阪神北広域子ども急病センター」も、その1つです。

　このセンターには川西市、宝塚市、猪名川町を含む3市1町の医師が参加。平日の夜8時〜朝7時の時間帯は、常勤のセンター長と民間・公立病院の勤務医が交代で診療を行ないます。そのなかには子育て休職中の女性医師も含まれているそうです。

　患者が集中する夜9時から11時30分の間は、診察室をもう1つ開けて、診療所の開業医が詰めています。従来は3市それぞれ開業医が輪番で夜間・休日診療に対応していたのですが、高齢の医師には体力的にきつく、急患にはなかなか対応しきれませんでした。しかし、夜の時間を決めて、子ども急病センターで診療するのなら難しくありません。開業医の夜間診療の当番は、月1回程度。余裕があります。

　子ども急病センターの開設は、「小児救急のコンビニ化」で翻弄されていた各市の市民病院の負担も軽くしました。救急治療の必要のある患者が市民病院に早くアクセスできるようになったのです。広域化による小児科医の団結は、現状ではもっとも有効な手段だといえます。（山岡淳一郎）

第4章

老後を保障する
セーフティネット

第4章 老後を保障するセーフティネット

24
高齢者の生活を保障する方法

◆高齢者の暮らし

　Aさん（64歳）は、高校を卒業して社会保険を完備した比較的大きな企業に就職しました。30歳になると独立。自分で会社を経営し、国民年金に加入することになりました。当初は順調な経営状況でしたが、次第に経営不振に陥り、いつしか年金保険料を納めることが困難となりました。その後、会社は倒産し、Aさんは臨時工として働いていました。しかし、バブル経済の崩壊でリストラに遭い、今度は土木関係の日雇いの仕事に就きました。賃金は低く、国民年金の保険料は納めたり納めなかったりの状況が続きました。

　ある日、老齢基礎年金の受給年齢が近くなったので、社会保険事務所へ年金の相談に行きました。すると、保険料の通算納付期間が25年（300ヵ月）にわずか不足していることがわかりました。

　Aさんは、年金を受給することができません。高齢で仕事もなくなり、生活維持のめどが立たなくなり途方に暮れています。

◆年金制度はどこが欠陥か

　公的年金制度の基本的役割として、高齢期の生活を維持できる程度の水準、すなわちナショナルミニマム（健康で文化的な最低限度の生活）の保障があります。わが国の公的年金制度は、1985年に国民年金をすべての年金制度に共通の基礎年金として再編成しましたが、現行の基礎年金水準はナショナルミニマムを保障するには到底およばない低い水準にとどまっています。

　受給要件も厳しく、40年間（最低25年）の長期にわたって年金に加入し、保険料を納付し続けなければなりません。また、保険料納付期間に比例して受給できる額が決まる制度になっています。そして国民年金は、保険料の支払いが困難な一定の低所得者層を被保険者に含んでいます。その結果、年金

表1　高齢者世帯の年間所得状況

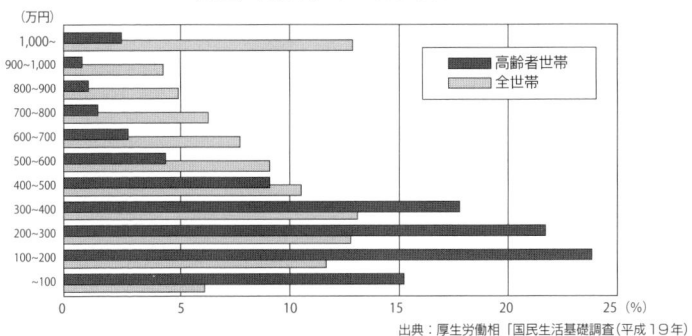

出典：厚生労働相「国民生活基礎調査(平成19年)

の受給資格要件である最低25年の加入を満たさない者が相当数存在する実態があります。現在、保険料滞納者は国民年金加入者の3分の1強となっています。昨今の経済不況による影響もあり、将来的に皆年金空洞化ともいえる無年金者や低年金者の増大が危惧されます。

また、サラリーマンの妻に多くみられる第3号被保険者としての女性の年金も問題といわざるをえません。それは高齢者の問題は女性の問題でもあり、高齢期の所得保障の問題であるからです。男性よりも平均寿命の長い女性は単身世帯となりやすく年金保障は深刻な問題といえます。

◆格差がもっとも大きい高齢者世代

高齢者世帯の所得状況を所得階層別にみると、もっとも多いのが「100～200万円未満」で23.9%、次いで「200～300万円未満」の21.7%です。「100万円未満」も15.3%あり、全世帯の同じ階層との比較では2.5倍となっています。そして200万円未満世帯が4割を占めています。また、全世帯の平均所得が566万円であるのに対して、高齢者世帯の平均所得は半減し、306万円にとどまっています（表1）。

それでは、高齢者の所得が低い理由は何かといえば、公的年金・恩給が高齢者世帯の総所得の7割近くを占め、公的年金・恩給所得のみの世帯が6割強存在しているからです。ここに低い年金水準が大きく影響していることがわかります。

また、『高齢社会白書（平成21年版）』で高齢者の所得格差の状況を、社会の所得分配の不平等さを図る指標であるジニ係数（係数の値が0に近いほど所得格差が少ない状態であり、1に近いほど格差が大きい状態であることを表します）でみると、一般世帯の当初所得では0.4252ですが、高齢者世帯では0.8223と2倍近くになっています。

表2　生活保護基準と国民年金（老齢基礎年金）との比較

級地区分	65歳〜69歳		70歳以上	
	生活扶助のみ	生活扶助＋住宅扶助	生活扶助のみ	生活扶助＋住宅扶助
1級地の1	×	×	×	×
1級地の2	×	×	×	×
2級地の1	×	×	×	×
2級地の2	×	×	○	×
3級地の1	○	×	○	×
3級地の2	○	×	○	×

注1：○印は扶助費が年金を上回るもので、×印は下回るものである。
注2：生活扶助には介護保険料加算は計上していない。また、住宅扶助は限度額を計上している。

出典：『生活保護手帳2010年度版』（中央法規）より著者作成

こうした状況から、生活保護受給世帯での高齢者世帯の増加が増加数全体に占める割合においても非常に顕著となっています。

◆国民年金だけでは生活できない

国民年金の老齢基礎年金は、20歳から60歳まで40年間保険料を納付して、受給年齢の65歳になって受け取ることのできる月額は6万6008円です。これをわたしたちの国のナショナルミニマム水準である生活保護の最低生活費と大まかに比較してみましょう。

生活保護は、地域によって6つの「級地」基準が設定されています。「級地」基準により支給される保護費を、老齢基礎年金の受給開始年齢である65歳の人の生活扶助費でみると、もっとも多い級地と、もっとも低い級地とでは約1.3倍もの差があります。たとえば、東京都23区（1級地の1）の場合で、生活扶助費は7万9530円となります。これに住宅扶助として5万3700円を限度として家賃実額分が計上されるので、最低生活費は13万3230円となります。生活扶助だけでも1万3522円が保護費の方が高くなっています。実際は介護保険料加算も計上されるので、差はさらに大きくなります。

またわたしが住んでいる近郊の八ヶ岳山麓の清里高原で有名な北杜市は、もっとも低い級地の3級地の2で、生活扶助費は6万1640円ですから介護保険料加算を計上しても年金の方が高いのです。ところが、住宅扶助を計上するとやはり保護費の方が高くなります。つまり、借家住まいの一般的な人びとの生活である生活扶助と住宅扶助の合計である最低生活費との比較では、どの級地でも老齢基礎年金額が下回ることになります（表2）。これでは国民年金の受給者は生活が成り立ちません。しかも、この保護水準は70歳以上の高齢者に関しては、日本全国で裁判で争われている老齢加算が廃止（2006年3月）された後のものです。

実際の国民年金（老齢基礎年金）を受給している方々の受給額はもっと低く、国民健康保険・後期高齢者医療や介護保険の保険料が重くのしかかっていて厳しい生活にさらされている現実があります。

　ところで、厚生労働省は 2010 年 4 月に「生活保護基準未満の低所得者世帯数の推計について」いわゆる貧困調査の結果を初めて発表しました。それによると、資産を考慮しないばあい、年金を主たる所得としている単身高齢世帯で 24.2％と、じつに 4 人に 1 人が貧困状態にあることが明らかになりました。

　現在、高齢世帯の保護率は 5.57％です。高齢世帯全体に占める単身高齢世帯の割合が 90％であることから、単身高齢世帯の捕捉率（最低生活費以下の所得にありながら実際に保護を受けている者の割合）は 25％ときわめて低くなっています。これは、わが国における貧困に対するイメージに関するアンケート調査において、「戦争直後の日本人の生活」状態など（青木・杉村 2007）と結果がでていることにも影響しています。すなわち、貧乏をがまんすることを強要されてきた経験をもつ現在の高齢者の多くにとっては、生存できるかどうかのぎりぎりの生活（絶対的貧困）こそが貧困であって、憲法で保障された生存権のもとでの健康で文化的な最低限度の生活（相対的貧困）をなかなかイメージできないでいるのかもしれません。

◇賃金格差が年金格差につながっている

　現在、公的年金制度は、被用者（労働者）の働く職種によってそれぞれにつくられていた年金制度を統一しながら共済年金・厚生年金・国民年金の 3 つの制度に分かれています。共済年金制度は国家公務員や地方自治体の職員が、また厚生年金制度は一般企業に働くサラリーマンが加入するものです。そして、国民年金は自営業・農林漁業や学生、日雇いなどの非正規雇用で働

く人たちが対象です。

　みなさんは、国民年金加入者の所得が、ほかと比較して低い層であることに気づくはずです。現役の稼働期に低所得であれば、年金保険料が高いと支払いが困難になります。それが理由で保険料を納めた納付年数などが短くなってしまえば、当然年金支給額は少なくなります。つまり、賃金格差が必然的に国民年金の年金額を少なくしているのです。基礎年金下の平均老齢基礎年金の受給額と共済・厚生年金とは３倍の格差があります。そして、地域格差もあることを忘れてはならないでしょう。

　現在の年金制度の不平等は、国民年金を基礎年金とした２階建制度として設計されているため、そもそも国民年金加入者は基礎年金を上限とした金額しか受給できないという不平等があります。また財源的にみると、国庫負担はどの年金も３分の１で同じなのですが、厚生年金と共済年金では保険料に関して事業主負担が半分あることです。そして、年金制度自体が事情のいかんを問わず保険料を支払っていなければ年金を受け取れない社会保険方式を採っているため、一定の低所得層が保険料を支払うことができない状況が生じた場合、受給期に年金を受け取れない事態が起きます。こうした年金制度の不平などの改善は老齢期の生活保障には急務の課題となっています。

◆公正なしくみをつくる

　新しい政権与党である民主党のマニフェストに示された年金制度は、年金一元化を基本とした同一賃金同一保険料の所得比例型年金です。所得の低い者に対しては消費税を財源とする「最低保障年金」を創設するとしています。

　年金一元化については、前述した年金格差の根本的理由からも当然のことでしょう。しかし、どのような財源にするかは、公正な年金制度を確立するために重要な問題です。保険料滞納から無年金者や低年金者の増大する現状

からは、社会保険方式を税方式に改める必要があります。また、「最低保障年金」のために保険料を納める必要はなくなりますが、消費税を財源とすることで低所得者の負担が重くなることから、日々の生活への圧迫はさらに重くのしかかることになります。やはり、消費税を財源とせず、所得の多いものがより多くの税を負担する所得再分配の観点から、法人税にウェイトを置いた直接税による全額公費負担による最低保障年金が求められます。

それでは、「最低保障年金」の水準はどのくらいの金額が望ましいのでしょうか。また「最低保障年金」なのか、それともフランスのように公的扶助で保障するのかという選択でもあります。

「最低保障年金」の水準は、ナショナルミニマム（10ページ参照）を満たすものでなければならないし、同時に生活保護制度における級地の問題も整理する必要があります。また、持ち家を前提とした生活扶助相当の年金水準では生活困難な状態が再び生まれるため、住宅扶助を単独で給付できるような制度の創設がセットとして用意されなければならないでしょう。そして、共済年金や厚生年金の基礎年金の2階部分にあたる所得比例部分の年金については、国民年金加入者に対しても任意加入の門戸を開き、ナショナルミニマムの水準を超える年金を受給できるようにすべきではないでしょうか。それでこそ「高齢者が安心して暮らすことのできる社会の形成」を目指し、「雇用、年金、医療、福祉、教育、社会参加、生活環境などにかかわる社会のシステム」を「高齢社会にふさわしいものとなるよう、不断に見直し、適切なもの」とし「国民一人ひとりが生涯にわたって真に幸福を享受できる高齢社会を築」くことを宣言した高齢社会対策基本法（1995年）の目的ではないでしょうか。（下村幸仁）

参考文献：青木紀・杉村宏『現代の貧困と不平等』明石書店 2007 年

第4章 老後を保障するセーフティネット

25

高齢低所得者層が安心して暮らせる住まいのしくみをつくる

◆無届け老人ホーム「たまゆら」の火災

　2009年3月19日夜、群馬県渋川市の高齢者施設「静養ホームたまゆら」で火災が発生し、10人の入居者が犠牲になりました。その後、「たまゆら」が老人福祉法に基づく届け出がなされていない無届け施設であったこと、建築基準法に基づく県への申請をせずに増改築を繰り返していたこと、入居者の徘徊を防止するために居室と食堂をつなぐ引き戸につっかい棒をして被害の拡大を招いたことなど、施設のずさんな実態が次々と明らかになり、施設を運営していたNPO法人彩経会に批判があつまりました。彩経会の理事長は記者会見の場で、火災発生の危険性を認識していたと述べ、「たまゆら」が欠陥施設であったことを認めました。

　この火災で犠牲になった10人の入居者の平均年齢は78.1歳。そのうち、6人は東京都墨田区、1人は東京都三鷹市で生活保護を受けており、墨田区や三鷹市の福祉事務所の紹介により「たまゆら」に入所していたことがわかりました。

　激動の戦前・戦中・戦後を生き抜いてきた高齢者が、なぜそれまでの人生とはまったくかかわりのなかった土地で悲惨な最期を迎えなければならなかったのでしょうか。

　記者会見に応じた墨田区福祉事務所の担当者は、「受け入れる施設が少なく、苦悶していた」と述べ、高齢の生活保護受給者を無届けの施設に入所させることの問題を認識しながらも、他に受け皿がない中での苦渋の選択であったことを強調しました。また、福祉事務所のケースワーカーが不足しているため、遠隔地の無届け施設のチェックや入所者のアフターフォローをする体制がとれないことも職員労働組合などから指摘されています。

　2009年1月時点での東京都の調査によると、都内の福祉事務所で生活保

静養ホームたまゆらの火災の後

護を受給している人のうち、無届け施設に入所している人は911人にのぼり、うち都外の無届け施設に入所している人は517人いました。

「たまゆら」火災の背景には、高齢の低所得者層が東京などの大都市で安住の地を確保できない、という構造的な問題が隠されているのです。

◆行き場のない高齢低所得者

日本の社会は、2007年に高齢化率が21％を超える「超高齢社会」に突入しました。国土交通省の資産によれば、高齢者のいる世帯は2005年の1720万世帯から2015年には2089万世帯に増加し、借家に暮らす単身・夫婦の高齢者世帯も202万世帯から282万世帯に増加する見込みです。しかし、高齢者の居住の場の確保するための社会資本の整備は進んでおらず、低所得者層を中心に行き場のない高齢者が増え続けています。

民間の賃貸借アパートの家主や不動産業者は、「部屋の中で寝たきりになられては困る」などの理由で、高齢者の入居を拒絶する傾向にあります。もともと賃貸借物件に暮らす高齢者も、「連帯保証人である友人が死亡して、保証人をしてくれる人がいなくなった」などの理由で更新を拒絶されたり、居住権の弱い定期借家契約に切り替えられたりすることがあり、住まいを喪失しやすい状況に置かれています。

一方で公的な賃貸借住宅は数に限りがあり、東京都では石原都政のもと、都営住宅の新規建設はストップしたままです。

日常生活動作（ADL）が低下し、一人暮らしが困難になった単身の高齢者はアパートを退去して施設に入らざるをえなくなります。しかし、低所得者の場合、施設探しは困難を極めます。

全国の特別養護老人ホームの総入所者数は約42万人ですが、入居待機者も42万を超えています。介護保険制度の財政難を背景に各地方自治体は特

養などの施設の「総量規制」を行なっており、とくに大都市圏で特養が不足しています。各地方自治体が2006年から08年度に計画した介護保険施設などの整備状況を厚生労働省が調査したところ、全体で計画は71％しか達成されておらず、京都・東京・千葉は5割未満という結果が出ました。

　また、厚生労働省が推進している個室型の「新型特養」は利用者負担が高いため、生活保護受給者などの低所得層が利用しにくい状況が生まれています。しかも新型特養は民間の有料老人ホームに比較すると低額であるため、もともと有料老人ホームの対象であった層の一部が新型特養を申し込むようになり、低所得者がますます利用しにくくなっているという指摘もあります。

　低所得の高齢者向けの施設としては、養護老人ホームもありますが、東京都では、「民間でできるものは民間に任せる」という石原都政の「福祉改革」により、養護老人ホームが施設数・定員数とも減少傾向にあります。

　かつては、行き場のない高齢者が医療機関に入院することで一時的に居所を確保することが一般的に行なわれていました。こうした入院は「社会的入院」と呼ばれていましたが、2006年、厚生労働省が医療制度改革の中で療養病床を削減する方針を打ち出したため、病院を緊急避難的な居場所として活用することも困難になっています。医療の現場ではむしろ、高齢の患者を退院後のリハビリやケアの体制が整わないまま退院させるという「社会的退院」が問題化しています。

　住宅・福祉・医療の各分野において、公的な関与を弱め、「民間でできるものは民間に任せる」という改革が進んだ結果、高齢の低所得者層の居住の場が狭まり、福祉事務所が無届けの施設に依存せざるをえないような状況が生まれたのです。

たまゆら跡地で開催された犠牲者への追悼法要

◆「たまゆら」の悲劇を繰り返さないために

　「たまゆら」の悲劇を繰り返さないためには、無届けの施設への規制を強め、介護保険施設などの建設に対する公的な支援を強めると同時に、高齢者が住み慣れた地域で住み続けられるために高齢者向けの住宅政策の拡充も必要になっています。施設に入所している高齢者の中には、安定して暮らせる住まいさえ確保できれば、在宅の介護サービスを活用して地域で生活を営める人もたくさんいるからです。

　具体的には公的な住宅を増設するだけでなく、高齢者が民間賃貸借住宅を借りやすくするために公的保証制度を設立する、住宅をバリアフリー化するための助成を拡充するなどの施策が求められています。

　また、良質なサービスを提供する民間団体への助成も有効です。ホームレス支援を続けてきたNPO法人の中には、住まいを失った高齢者などが入居できるように民間のアパートの借り上げを行なっている団体もあります。こうした団体のスタッフは、入居者の見守り支援を行ないながら、介護サービスや保健所、福祉事務所などの地域の社会資源につなげ、地域で利用者が安心して暮らしていくための基盤づくりを行なっています。こうした民間の支援活動への公的な助成も望まれるところです。

　「たまゆら」で被災した方のなかには、火災後、前橋市内にある彩経会の別の施設に引き取られた方もいました。しかし、彩経会が施設の賃料を滞納したため、施設の閉鎖が決定。その入居者は別の法人の施設に移転せざるをえなくなりました。高齢の低所得者層の住まいを確保するという視点に立った政策が実施されない限り、こうしたタライ回しはいつまでも続いていきます。

(稲葉　剛)

26
介護現場の職員が働きやすいしくみをつくる

◆現場職員のやる気を阻む制度運用からの脱却

　在宅で暮らす、要介護の高齢者一人ひとりの暮らしを支えるために、たとえば、デイサービスの利用時間中や送迎の際に、買い物や医療機関に立ち寄ろうとしても、あるいはデイサービスの敷地外へ散歩にでかけようとしても、これを認めない自治体があります。しかし、身近に支える人が存在しない高齢者や中山間の地域の場合などは、デイサービスで町場に出てきたついでができれば、余計な経費もかからず暮らしの質も向上するのではないでしょうか。

　また、ホームヘルパーが訪問した際に、玄関先に生えている雑草を1、2本抜いて、その家に住む支援の必要な高齢者が歩きやすいようにしたことを記録に書いて、介護報酬を請求すると不正請求となってしまいます。記録に書かなければよいことなのかもしれませんが、介護現場ではその行為自体がいけないことと捉えて、ヘルパーに草はむしらないようにと徹底している事業所がほとんどです。しかし、この行為自体は、介護保険制度とか専門職とかという以前に、支援の必要な高齢者のお宅を訪問する者としての「当然の行為」、と捉えられるものなのではないでしょうか。

　こうした行為は、在宅で1日でも長く暮らしてほしいという、日常的に接している者だからこその行動だったはずです。介護現場に裁量のない制度の運用は、介護の現場で働く「支援の必要な高齢者を支えたい」という熱意ある職員のやる気を阻み、葛藤と徒労感だけを増殖させ、ますます介護現場を疲弊させていくように見えます。

◆指定取り消しや資格剥奪からは創造的な現場も職員も生まれない

　介護保険制度が創設されて10年が過ぎ、気がつけば、指定取り消しや資

格剥奪を恐れて、個別に対応する柔軟性を忘れ、「法令を遵守していれば事業者（専門職）として安心」ということが行き渡りました。法令や規則で縛りすぎた結果、現場は萎縮し、独創性を失って、制度の枠内で、決められた範囲のことだけをしていれば間違いがないという風潮が、介護現場には漂っています。それどころか、それを言い訳にして、個別ケアを理念に掲げているにもかかわらず、一律のケアを押し付ける事業所もあるようです。
　「認知症の高齢者はわけのわからない人」とされていたわずか10年前、認知症の高齢者に一日中安全に歩き回ってもらうために、施設を回廊型で建てることが推奨されていました。その後、認知症の人の理解が進み、特別養護老人ホーム（特養）におけるユニットケア（1ユニット10人以下の小規模ケア）が制度化されて、回廊型はいかに非人間的であったかという反省に立つに至りました。
　しかし、ユニットケアが特養の現場実践から生み出され、制度化されるまでには、当時の制度の範疇から逸脱する介護のあり方に対して、厳しい行政監査を何度も受けるなど、闘いの歴史がありました。近年のように、指定取り消しと資格剥奪に怯えているような時代であったなら、ユニットケアや小規模多機能ケアなどのような、介護現場の実践提案からの制度改善や制度創設は、日の目を見なかったでしょう。
　制度は本来、支援の必要な高齢者の暮らしを支える現場実践の積み重ねによって、あるいは、単身や高齢者2人だけの世帯の増加や高齢者が高齢者を介護する老老介護、認知症の人が認知症の人を介護する認認介護などの社会構造の変化によって、改善を図ったり新たな制度を創設したりという柔軟さが求められます。規則や法令で縛りすぎた結果、介護現場の創造力が奪われ続けることは、この国の将来において大きな損出となると考えられます。

◆「やりがいのある仕事」である一方で「低い賃金」の現実

　介護職員の給与は、福祉施設の男性介護職で22万6000円（勤続年数4.9年）で、女性は20万4000円（勤続年数5.2年）であるのに対して、全労働者の平均は月額30万1000円（勤続年数は11.8年）で、男性で33万6000円（勤続13.3年）、女性では22万5000円（同8.7%）となっており、全労働者に比べ男性介護職の給与がとくに低いことがわかります（「平成19年賃金構造基本統計調査／決まって支給する現金給与額」）。介護現場では、給与が低いため、男性が結婚のために退職（転職）を選択しているという話をよく耳にしますが、それが現実であることを示しています。

　介護職員に「現在の仕事を選んだ理由」を尋ねた結果、「働きがいのある仕事だと思ったから」が58.1%で最も高い数値になっています。また、「現在の仕事の満足度（複数回答）」を尋ねた質問では、「仕事の内容・やりがい」が50.6%、「職場の人間関係、コミュニケーション」が44.1%、「職場の環境」が36.6%と続きます。しかしその一方で、「労働条件・仕事の負担についての悩み、不安、不満等（複数回答）」との問いでは、「仕事のわりに賃金が低い」が58.3%と最も高い数値を示しています（「平成20年介護労働者の就業実態と就業意識調査／介護労働安定センター」）。

　介護職員の離職率は、訪問介護員（ホームヘルパー）で13.9%、介護職員では21.9%で、2職種の合計の平均は18.7%（「平成20年度事業所における介護労働実態調査／介護労働安定センター」）となり、全労働者の離職率の平均16.2%（「平成18年雇用動向調査」）より高い比率となっています。

◆高齢者も職員も笑顔で元気な現場をつくる

「あなたの笑顔が、わたしの元気」。これは、小規模多機能ケアの草分け「宅

専門職や、沖代すずめや沖代どんぐりサービスなどの住民活動と近隣の話し合い

老所よりあい」(福岡市)のスタッフTシャツに刷られているキャッチフレーズです。ここでいう「あなた」とは利用者である高齢者のことで、「わたし」は高齢者の暮らしを支える「職員」のことです。高齢者も職員も笑顔で元気という介護現場の多くは、高齢者も職員もともに満足度が高く、そうした現場では退職する職員が少ないと言われています。

近年は、介護保険サービス事業所を起業する30歳前後の若者が増えています。理想をもって介護保険サービス事業所に就職しても、高齢者の傍らにいることよりも記録や加算のための請求手続きなどの時間に多くを費やされ、さらには、1人でも多くの利用者の獲得と事業所の経営面からの効率性や収益性の要求が高まり、このままでは高齢者も職員も幸福になれないという限界を感じての行動です。

法人格さえあれば誰にでも起業できるという介護保険のしくみがあってこそですが、介護保険報酬はどの事業者に対しても平等ですから、それであれば自分の理想を実現するために起業したほうが楽しい仕事ができるという若者が増えていること自体は、働きやすい介護現場の実現に明るい兆しをもたらしてくれています。

◆地域の支え合いや見守りとの協働で、職員も達成感

小学校区域を活動範囲とする、大分県中津市のボランティアグループ「沖代すずめ」には、いつでもだれでも集うことができる民家活用の「すずめの家」があります。毎週月曜日は、市内の特養に入居する認知症の高齢者が通って来て1日を過ごされます(「逆デイサービス」)。せっかく特養の職員も付き添って来られるのならば、沖代校区に暮らす認知症の人もその場に誘いたいということになり、ともに過ごすサロンは5年が経過しました。逆デイサービスの受け入れには、介護職や看護職を退職されたボランティアが中心

にかかわれていますが、こうした活動をとおして、地域住民が地域に暮らす認知症の人を日常的に支える力を蓄えるに至っています。一見こうした取り組みは、特養の職員に過重な負担を強いるように見えますが、民家で過ごす入居者の姿から、特養での暮らしでは気づけなかった、その人が自宅で暮らされていたころの日常の過ごし方や仕事ぶりを発見するきっかけともなり、その経験は、それまでの特養の暮らし方を変革する力になっています。

また沖代校区では、要介護の高齢者を中心にすえ、家族とともに、専門職による介護サービスと、「すずめの家」のサロンや制度外の支援を担う有償活動「沖代どんぐりサービス」などの地域住民による支え合い活動と、隣近所の見守りなどが協働して一人暮らしの認知症など、要介護高齢者が自宅で暮らし続けることを、みんなで支え合い、実現しています。

施設であっても在宅であっても、要介護の高齢者が自分らしく暮らされているという現実は、介護職などの専門職にとっても達成感を得ることにつながり、介護職員の充実感や誇りに結びついているようにみえます。

◆働きやすいしくみをつくるための提言

全国の自治体では、高齢者保健福祉計画や地域福祉（支援）計画などを策定し、その中で「支援の必要な高齢者に、どのような暮らしを実現してもらうのか。そのためにどのような介護サービスを提供するのか」を明記しています。また、介護保険サービス事業者（所）では、それぞれに理念や介護方針を定めています。さらには、自己評価や情報公表、外部評価のしくみも導入されています。にもかかわらず、事業者（所）によって、サービスの提供や支援のあり方に大きな差があります。離職率でも、10％未満の事業所が37.5％である一方で、30％以上の事業所が28.9％（「平成19年度介護労働実態調査／介護労働安定センター」）も存在し、二極化されています。

沖代すずめの「すずめサロン」

　こういう状況下で、働きやすいしくみをつくる提言として、以下の3点があげられます。
　第1に、離職率の多い事業所と低い事業所の理由の解明は、緊急の課題です。
　第2に、全国一律の制度である介護保険を、都市部や地方都市、あるいは中山間の地域など、地域ごとの特性と、支援の必要な、目の前の高齢者の実態を考慮して弾力的に運用できるようにすることが求められています。そのため、町内会・自治会や小中学校、旧町村などの一定の範囲内において、その地域の当事者（や家族）、地域住民、民生委員、社会福祉協議会、地域包括支援センター、自治体などと介護現場の職員が参加する場（地域密着型サービスの運営推進会議に近いものであり、「地域ケア会議」の機能も有するもの）にその権限を委ね、その結果介護現場の裁量権が拡大することで、高齢者と職員の笑顔と元気を取り戻し、併せてその地域に暮らす住民の「介護力」の向上にもつなげる取り組みが重要な課題となっています。
　第3に、介護の仕事の社会的な地位向上をとおして、介護現場で働く職員の給与が社会一般と同等となるような報酬の設定が求められています。ただし、報酬の改善のためには、今後も続く少子高齢化社会の現実も踏まえた視点も重要です。45年後の2055年には、2005年の1億2777万人あったこの国の人口も、8993万人に減少すると推計されています。65歳以上の人口は、2576万人（全人口の20.2％）から3646万人（同40.5％）に増加するものの、生産年齢である15歳から64歳までの人口は、8442万人（同66.1％）から4595万人（同51.1％）（「国勢調査」および「日本の将来推計人口（平成18年2月）」）に大幅な減少をたどるとされています。

（池田昌弘）

27

高齢者を地域で
サポートするしくみをつくる

◆少子高齢化による人口構造の変化

　近年、地域社会の高齢化が急速に進む一方で、群がって遊ぶ子どもの姿を地域で見かけることは少なくなりました。これは、都市部を含めたこの国のほとんどの地域で実感できる、人口構造の変化です。

　高齢者の割合が50％を超える「限界集落」も、地方に限らず、新宿区などの都心の団地にも現れ、高齢化率50％を超す市町村すら出現しています。

　1973年以来低下し続けてきた出生率（2009年で1.37）は、この4年間は上昇に転じているものの人口の増加に結びつくほどではなく、2055年にはこの国の人口が、現在の約3分の2になると指摘されています（図1、2参照）。

　2025年には、団塊の世代（1947〜49年生まれ）も75歳を超えて、後期高齢者の人口のピークを迎えます。それに伴って増加するとされている認知症の人の対応やそれを担う人材の確保、15歳以上65歳未満の生産年齢人口の減少による介護や医療費の財源確保は、これからの大きな課題です。

◆「自宅暮らし」の現実

　「介護の社会化」を掲げて、それまで家族の介護力に頼ってきた在宅介護のあり方を大きく転換しようと2000年に「介護保険制度」が導入されました。

　しかし現実は、介護の必要度や医療への依存度が高まるなかで、介護保険サービスだけで24時間365日の自宅での暮らしを支えることは困難となっています。単身の高齢世帯（2005年国勢調査7.9％）やいわゆる「老老介護」「認認介護」などといわれるような高齢者だけの世帯（同調査9.1％）の増加にみられる家族の介護力の低下のほか、中高年の女性の社会就労の増加や地域社会の高齢化の進行などにより、地域で支え合うといった地域の介護力の低下も、それに拍車をかけていると考えられます。

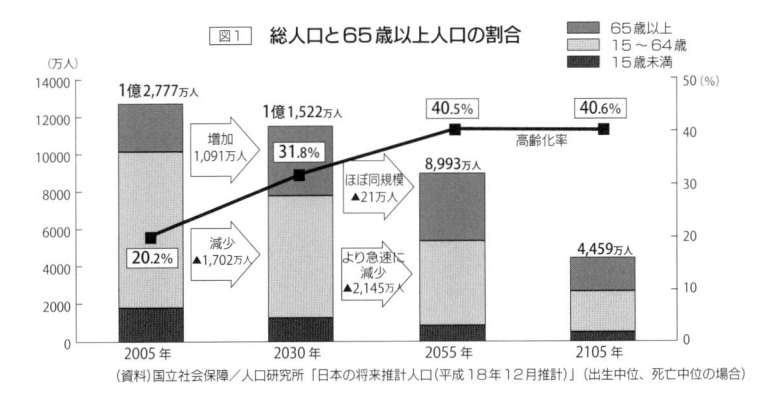

図1　総人口と65歳以上人口の割合

凡例：65歳以上／15〜64歳／15歳未満

- 2005年：1億2,777万人、20.2%
- 2030年：1億1,522万人、31.8%（増加1,091万人、減少▲1,702万人）
- 2055年：8,993万人、40.5%（ほぼ同規模▲21万人、より急速に減少▲2,145万人）
- 2105年：4,459万人、40.6%

高齢化率

（資料）国立社会保障／人口研究所「日本の将来推計人口（平成18年12月推計）」（出生中位、死亡中位の場合）

　その結果、特別養護老人ホーム（特養）などの施設への入所希望が急増し、希望しながら入所できない待機者の数（2009年厚生労働省集計／特養待機者42万1000人）がつねにマスコミや政治の話題となっています。しかし、入所施設の建設には土地の確保も含めて莫大な費用がかかり、その整備は介護保険財政を圧迫します。そこで国は、持続可能な介護保険の運営を目指して、施設整備の抑制に取り組んできましたが、自宅や住み慣れた地域で、自分らしく最期まで暮らし続けられるための介護保険サービス以外の支援策が不十分のままであれば、入所施設の必要は増すことはあっても減少することは期待できません。

◆「地域死」という発想

　1980年代半ばから全国に草の根的に広がった「宅老所」は、10年ほど前まで、専門職の間でも「わけのわからない人」と受け止められていた認知症高齢者の暮らしを、民家などを活用し無認可で支えてきました。これまでは、デイサービスやショートステイ、ホームヘルプなど、バラバラに介護サービスが提供されてきましたが、宅老所では、本人や家族の状況に応じて、介護サービスを柔軟に、かつ総合的長期的視野にたって提供するという「小規模多機能ケア」という支援方法を開発しました。

　これは、「自宅死」と「病院死・施設死」の間にある可能な限り自宅や住み慣れた地域で、その人らしく最期まで暮らし続けることを支援するものとして、2003年には国の報告書「2015年の高齢者介護（高齢者介護研究会）」に取り上げられ、2006年には制度化（小規模多機能型居宅介護）されるに至りました。

　1951年には、日本人の82.5%が自宅で亡くなり、11.7%が病院か診療所で亡くなっていましたが、70年代半ばにはそれが同率に並び、2003年には

図2　1年間の出生数(率)

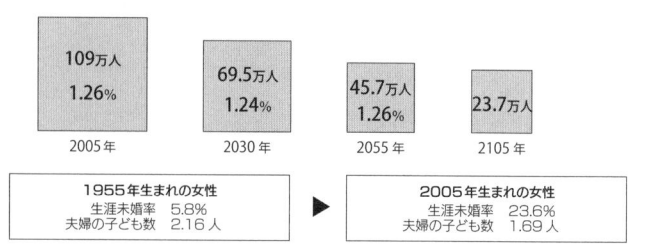

2005年	2030年	2055年	2105年
109万人 1.26%	69.5万人 1.24%	45.7万人 1.26%	23.7万人

| 1955年生まれの女性 生涯未婚率 5.8% 夫婦の子ども数 2.16人 | ▶ | 2005年生まれの女性 生涯未婚率 23.6% 夫婦の子ども数 1.69人 |

(資料)国立社会保障・人口問題研究所「日本の将来推計人口(平成18年12月推計)」(出生中位、死亡中位の場合)

在宅死が13.0％、医療機関での死が81.6％となっています。こうした現状にあっても、「終末期医療に関する調査等検討会」の報告書（2004年）によれば、国民の58.8％が自宅で最期まで療養することを希望している一方で、国民の65.5％は、①介護してくれる家族に負担がかかる、②症状が急変したときの対応に不安があるといった理由により、実現困難であると回答しています。

小規模多機能ケアの草分けであるのぞみホーム（栃木県／1993年）では、在宅療養支援診療所との連携で、2002年からこれまでに12人を、民家を活用した小さなホームで看取りました。最後の数日を自宅で過ごしてなくなれるような支援も始まっています。これらの例からも、自宅死とともに、これからは住み慣れた地域の中で死を迎える「地域死」を模索する時代に入ったともいえます。この場合の地域の範囲とは、地域差はあるものの、歩いて数分程度の町内会や自治会から小学校区程度と考えられます。

◆「地域で支え合う」地域の福祉力を高める

自治体や社会福祉協議会が住民や専門職の参加を得て策定する「高齢者保健福祉計画」や「地域福祉（活動）計画」などの目標には、「自宅や住み慣れた地域で、自分らしく、最期まで暮らしたい」という住民の願いが掲げられています。

その実現には、要介護の高齢者一人ひとりの状態に応じて、介護保険サービスが柔軟に運営されること（現実は、介護保険の適正運営のための法令順守が厳しく問われてきており、年々柔軟な対応が難しくなってきています）に加えて、住民が自ら暮らす地域の介護力・福祉力を高めていくことが重要です。

豊中市社会福祉協議会（大阪府）には、38の小学校区に「校区福祉委員

のぞみホームが地域に開放する「みんなのハウス」で住民自らが地域の福祉力・介護力を高めるためにおこなっている学習会

会」という住民組織があり、住民が主体となった福祉活動に取り組まれています。各校区福祉委員会で実施されている「福祉なんでも相談窓口」では、住民と専門職が相談に応じ、本人や住民の力だけでは解決できない問題の場合は、市の社会福祉協議会のコミュニティソーシャルワーカーが間に入って関係機関や専門職をつなぎ、解決に結びつけています。

こうした活動は、2008年には国の報告書「地域における「新たな支え合い」を求めて住民と行政の協働による新しい福祉(これからの地域福祉のあり方に関する研究会)」に盛り込まれ、今後の指針となっています。

◆ 「高齢者が自分らしく、地域で最期まで暮らし続けられる」ための提言

この国の多くの地域は、すでに地域そのものが、大きな特養の中にすっぽり入ってしまっているような状態にあります。そうであれば、地域の中の生活道路は特養の廊下、ヘルパーステーションは介護職員室、集いの場は食堂や機能回復訓練室、必要に応じて泊まることができる部屋はショートステイの部屋や静養室と捉え、空き家となった民家や公共施設などを活用することで、まち全体を特養に置き換えて考えることができるのではないかと思うのです。

要介護の高齢者だけが暮らす特養とは違って、そこでは、支援の必要な高齢者だけではなく、元気な高齢者もその子や孫の世代もいっしょになって暮らしています。こうした住民と、介護保険サービス事業所や専門職と行政や社協などが協働で支え合うことが可能であれば、あえて住み慣れた地域から遠く離れて暮らさないという選択肢も生まれるものと思います。これは、2010年に発表された「地域包括ケアシステム」の考え方にも通ずるものです。

新しい介護のあり方、地域福祉のあり方への転換が、今こそ求められています。(池田昌弘)

第4章　老後を保障するセーフティネット

28
高齢者が住みやすい地域につくりかえる

◆計画的につくってこなかった都市のひずみ

　この国は都市を計画的につくるという発想を欠いてきたといってよいでしょう。工業化＝近代化の過程で農村人口が工業地域に大量に流入し、無秩序な都市的状況を生みだしてきました。本格的なゾーイングとよばれる用途地区制を軸とした都市計画法が定められたのは、1968年のことです。

　現在の都市計画法では都市計画区域を定め、そのなかを市街化区域と市街化調整区域に分けます。市街化区域とはすでに市街化が進んでいる地域であって、今後の開発ができる地域です。市街化調整地域とは開発が基本的に認められない地域をいいます。そして市街化区域のなかは住宅、商業、工業などの目的に応じて12の用途地域が設定されます。しかし、都市計画法のさだめられた1968年は、高度経済成長の真っ盛りの時代であり、すでに無秩序な都市化が進んでいました。

　しかも、都市を計画的につくるとは、たんに土地の用途規制をきびしくするだけではなく、都市に必要な施設をきちんとした計画の下につくりあげることですが、土地の私有権が「高度」に認められているこの国では、建築の自由が基本とされてきました。ですから、急速な高齢化が進行するなかで、高齢者はもとより市民が安心して快適に暮らせるまちをつくることは、きわめて難しい課題となっているのです。とはいえ、わたしたちの生きるまちです。自治体行政への積極的参画によって徐々にまちをつくりかえていくことは可能です。取り組むべき課題と方向性を考えてみましょう。

◆公営住宅を核とした都市への転換

　「都市のなかの限界集落」などという言葉を見受けます。高齢化と過疎化の同時進行で農山村部には、高齢者の割合が急増した集落が増え続けてきまし

高齢者のためのコミュニティ活動で知られる多摩ニュータウン永山団地

た。一見、繁栄しているかのような大都市のなかにも、高齢者ばかりが暮らす公営住宅が急速に増えています。これらの多くはいずれも公営賃貸住宅であり老朽化がすすんでいます。高齢化にともなって身体が衰えていくのは避けられません。公営住宅の多くは、エレベーターを備えていません。また居室内もバリアフリーに設計されていません。

　日本の社会保障政策に抜け落ちていることは、住宅こそが根幹であるべきとの考え方です。住宅を公的に整備するだけではなく、それを核として都市をつくるという発想を欠いてきました。戦後初期に厚生省が公営住宅を担ったことがありましたが、それは当時の社会状況を反映して住宅困窮者に、とりあえず住居を提供するものでした。しかし、公営住宅の所管庁は建設省（現・国土交通省）に移され、しかも、住宅政策は「持ち家」の推進に基調を移しました。

　しかし、今日、「持ち家政策」をすすめた右肩上がりの経済成長は終焉しているばかりか、住宅に困窮する者は高齢者のみならず若年層に広がっています。いま、わたしたちは発想を転換し地域づくりと社会保障の核に公営住宅をおくことを重視していくべきなのです。このところ、無秩序に広がりをみた郊外化とそこにおける超大型ショッピングセンターの濫立、他方での中心市街地の衰退状況をまえにして、コンパクト・シティなる都市機能の集約化が提唱されています。これに実質をもたらすためには、コンパクト・シティの核心に公営住宅を位置づけることです。既存の公営住宅をリニューアルしてもよいでしょう。あるいは中心部に広がる空地に新たに建設してもよいでしょう。いずれにしても、それは多世代が一緒に居住できる機能を備えた集合住宅であるべきで、それを通じたコミュニティが形成され、共助の輪が広がっていくことが重要となります。

◆シャッター通りを開く

　ところで、コンパクト・シティなる考えが注目されるほど、いずれの地域でも中心市街地の衰退には著しいものがあります。まさにシャッター通りであり、街としての賑わいは失われています。郊外の超大型ショッピングセンターは、たしかに高い利便性を備えています。とはいえ、それはマイカーなどの一定の移動手段をもたない高齢者には、「高嶺の花」にすぎないでしょう。子どもたちにとっても、親に連れて行ってもらうことはできますが、かつてのような「駄菓子屋文化」とは無縁です。しかも、それらは巨大商業資本によるものであり、地域の伝統的な文化や人と人の絆を育んでいくものではありません。また経営する資本が何らかの理由で経営危機に陥れば、簡単に撤退していきます。その結果、地域は、ますます、衰退していってしまいます。

　衰退する中心市街地を再生するためには、地域の自治体がまさに再生のコーディネーターとなる必要があります。先に述べた公営住宅の整備にくわえて、既存市街地の商店間の共同化を進めることです。そして、商店の商品展示や宣伝ひとつにも大胆に若者の知恵を借りることです。一部の自治体では市内に存在する大学の学生にアイディアを借り、再生の光が見えだしたところもあります。また、空き家となった商店を借り受け、NPOによる「駄菓子屋」や子どもへの読み聞かせの空間として活用し、ともかく賑わいを取り戻すことです。商店間の共同化によって高齢者への御用聞き・出前を活発化することです。各地で展開されている地域通貨の試みの意義は否定できません。ただし、既存の市街地の衰退に歯止めをかけないかぎり、有効性をもつものではありません。基礎自治体には、こうした各種の試みをコーディネートしていく能力が問われているのです。

富山市内を走るライトレール。提供：富山ライトレール株式会社

　郊外における超大型ショッピングセンターの規制は、府県の役割です。多くのショッピングセンターは、「白地地区」と呼ばれる都市計画区域外か、都市計画区域内であっても用途規制の行なわれていない地域に立地しています。府県は市町村との協議して土地利用規制を強化する必要があります。

◆安心して歩けるまちづくり

　高齢者だけではなく市民が、賑わいのあるまちなかで安定的に暮らしていくためには、移動の安心さと快適さが保たれていなくてはなりません。路面電車が残されている都市では、車両の低床化がすすめられるとともに、富山市のように新たにLRT（ライトレール＝軽量軌道交通）の建設が進められたところもあります。それはもちろん重要な事業であるといってよいでしょう。

　とはいえ、じつは安全な歩行や車いすでの移動のために不可欠なのは、歩道の整備なのです。都市の中心市街地の一部には、アーバンデザインに配慮した歩道が整備され始めていますが、健常者が歩くのも怖くなる道路が大半です。まして、車いすでの移動など不可能な道路が少なくありません。実際、ガードレールで区切った、あるいは道路に白い線だけを引いた「歩道」が少なくありません。しかも、この「歩道」内には電柱が立っており、ますます移動を困難にしています。共同溝を建設して電線などの地中化を実現するとともに、きちんと車道から区分された歩道をつくることこそ、現代における都市のインフラ整備とし緊急を要する事業などです。

　都市内の移動、買い物、住宅いずれをとりだしても、ハンディキャップをもった人びとに快適な条件は、健常者にとっては一段と快適なのです。わたしたちはこの良い意味での「エゴイズム」の追求を基軸として、地域をつくりかえていくべきなのです。（新藤宗幸）

29
高齢者を元気にする
しくみをつくる

◆人権に配慮されていない高齢者の施設

　特別養護老人ホームにしてもデイケア・センターにしても、その多くははたして高齢者の「人権」に配慮しているのでしょうか。「託老所」なる言葉が一部に残るように、まるで幼稚園や保育所の幼児と同じようなゲームがくりかえされています。施設内の飾りも、色紙をやたらと使ったケバケバしさです。入所者や通所者がほんとうに満足しているとは、とうてい思えません。しかたなく時間を費やしている高齢者も多いのではないでしょうか。人はそれぞれ長い人生のなかで苦難を乗り越えてきました。人間としての「尊厳」に配慮を欠いてはならないのです。

　とはいえ、これは老人ホームなどの施設に限定されるものではないでしょう。社会全体が先人への「尊敬」の念を失っている結果であり、現象なのだといえます。「ご結婚おめでとう」「お誕生日おめでとう」といったカードが街中の文房具店にあふれています。だが、この種のカードのなかでヨーロッパのショップにはふつうに見かけるものの、日本ではまず売られていないものがひとつあります。それは「Happy Retirement！」です。「ご定年おめでとう」「ご退職おめでとう」といえるような状況ではないとの声も聞こえてくるかもしれません。とはいえ、これはいまにはじまったことではないのですが、労働やさまざまな社会活動において先人の経験に学び、自らを磨いていくという意味での社会的連帯を欠いてきた結果であるといってよいのではないでしょうか。

◆多世代間の交流こそが、「元気」の源

　こうした社会的「病理」を克服していくことは、並大抵のことではないでしょう。しかし、人は社会のなかに存在を実感できてはじめて「元気」を得

表1	生涯現役プロジェクト　いつまでも生きがいを

区民の5人に1人が高齢者となる時代を迎えます。日頃からこころとからだの健康を維持・向上することで、誰もが自らの知識や経験、地域の豊かな文化や人びとのつながりを活かし、地域の一員として活躍できる生涯現役社会を実現します。
1　地域での活躍を支える健康づくりの推進 　生活習慣病予防、ねたきり予防、認知症予防など、就労世代や壮年期の段階から、健康づくりと介護予防を一体的に進めます。基本健康診査の結果など健康に関する情報を区民が手軽に利用し健康づくりに役立てたり、食育の観点から普段の食生活の改善に区民自身が取り組むなど、予防の観点から、区民主体の健康づくりに取り組んでいきます。
2　経験や知識を活かせる地域づくり 　区民が文化活動やスポーツを通してこころの豊かさを味わったり、さまざまな知識や経験を吸収できる環境を充実させます。地域での自主的な防犯活動、子育てや教育の場への参加など、さまざまな社会参加の場の充実や活動の支援を通して、これから高齢期を迎える団塊の世代がもつ知恵や経験を地域の中で活かせるまちを実現します。

出典：世田谷区基本構想より作成

ることができるはずです。とするならば、社会システム全体の大変革を大上段に振りかざさずとも、いくつかのシナリを構想することは可能だといえます。

　高齢者と一口にいっても、健康状態や経済状態の差は大きく、それに応じたプログラムやシナリオが作成されねばならないのは当然です。ただし、つねにその基本におかれなくてはならないのは、高齢者についてのプログラムが、社会全体を視野に入れたものとして作成されることです。

　自治体の「総合計画」などには、必ずといってよいほど「高齢者生きがい対策事業」といった項目が記載されています。だが、そのほとんどは一定年齢層のみを対象とした事業です。ゲートボールなどはその典型ですが、そもそも自分の「生きがい」も定かに見出していない職員が高齢者の「生きがい対策事業」などを立案しても、意味あるものができるはずがないのです。ともあれ、決定的に欠けているのは、世代間の交流が軸とされていないことです。多世代間の交流のなかで高齢者のもっている知恵や知識・技能を生かしていくことこそ、高齢者が元気さを保つ基礎条件なのです。この視点に立てば、本来多くのプログラムが考えられるはずです（表1）。

　多くの小学校では、社会科教育の一環として学校所在地域の歴史や現状を学ぶ時間が設けられています。転勤を繰り返す若い教員が、授業の準備のために地域を学ぶことを否定しませんが、彼・彼女が「付け焼刃」的準備をしなくとも、地域にはそのまちの変遷を自らの生活と関連させつつ語ることのできる人材はいくらでもいます。「いま、君たちの学校のあるここは一面の蓮畑だったんだよ。それがだんだん埋め立てられて……」といった都市化の説明でもよいでしょう。「君たちやわたしが暮らしているこのまちは、65年前の戦争の空襲で焼け野原となったんだ」と当時の状況を語り、平和の尊さを実感をもって語ってもよいでしょう。このような学習方法は、高齢者に存在

感を確信させるばかりか、子どもたちにも生きた教育となるでしょう。

　わたしは20年近くにわたって「スクールランチの時代は終わった。これからはコミュニティ・ランチの時代だ」と言い続けてきました。だが、一向に何の進展もありません。「学校給食は教育」の一点を強調して給食がつづけられ、せいぜいのところメニューや食の安全性が論じられてきただけです。こうした学校給食に替えて、校庭にきちんとしたカフェテラスをつくる。子どもたちはお仕着せのメニューではなく、自分で組み立てる。お弁当をもってきてもよい。そして学校区の高齢者たちと一緒に食事を摂る。ひとり暮らしの高齢者に給食サービスを行なっている自治体はおおいですが、ひとりで食事をして楽しいと感じる人はまずいません。カフェテリアでの食事はいやおうなく世代間の交流を深めます。

　じつはこれはわたしの独創ではありません。4半世紀以上前になりますが、筆者は2人の子どもをアメリカ・バージニア州の小さな町の公立小学校に通わせました。朝の通学につかわれたスクールバスが昼どきに学区をまわってきます。そして子どもたちと高齢者の昼食がはじまる。上の息子のクラスは、ある老女と仲良くなり彼女の家に招かれ、庭先でバーベキューを楽しんできました。ここでもまた、会話のなかで歴史や文化を学び、高齢者と子どもたちの双方に、生きていることの楽しさを教えてくれることでしょう。

　小学校の子どもたちを対象としたものばかりでなく、こうした学校現場での高齢者の知恵、技術などの活用は、さまざまに工夫できます。IT教育でも美術・工芸でもよい。学校で教えることのできる高齢者は実に多い。学校という空間の「開放」は長年にわたって論じられていますが、しかし教育関係者は「学校」という枠から出ようとしません。伝統的技術から先端技術まで、教える方も知恵と経験を生かすことができ楽しいでしょうし、教えられる方もその道一筋の人間と接することで、技術の大切さや楽しさを学んでいくこ

表2　廃校後既存建物の主な活用用途　　※複数回答を含む

活用用途	件数
社会教育施設	492
社会体育施設	613
文化施設	102
放課後児童クラブ	22
放課後子ども教室	8
保育所	20
児童福祉施設(保育所を除く)	20
老人デイサービスセンター	30
介護老人福祉施設(特別養護老人ホーム)	13
その他老人福祉施設	41
障害者福祉施設	54

活用用途	件数
備蓄倉庫	56
公営(職員)住宅	21
医療施設	12
研修施設	78
体験交流施設	123
宿泊施設(体験交流施設を除く宿泊施設)	25
庁舎等	143
創業支援施設	16
企業施設	66
その他法人事務所等(企業・学校法人を除く)	16
大学施設(国公私立)	19

2010年5月　文科省より

とでしょう。

　先にも述べたように、高齢者のライフスタイルは多様です。なかには介護施設での生活を余儀なくされる方もいます。だからといってよいのかも知れませんが、教育の一課程としてボランティア活動が設けられることにもなります。だが、「冗談でしょ」といいたくなる話も多いのです。

　実例から述べておきましょう。ある自治体は補助金適正化法と義務教育施設国庫負担金の要綱の緩和をうけて、校舎のなかの空き教室（文部科学省は「余裕教室」と言いますが）を介護老人施設に転用しました（表2）。すぐれた施策との評価もあります。でも、実態は日常的な入所者と生徒の交流を阻む壁がつくられており、自由に行き来できない構造となっています。なにもボランティア活動を教科として義務づけなくとも、日常的交流のできる構造に改造するならば、おのずとボランティアは生まれ、高齢者は元気を取り戻し、生徒たちもおのずと存在感を実感するでしょう。

◆行政の割拠性を克服する眼をもとう

　要するに、高齢者の「元気」を妨げているのは、自治体行政の割拠性なのです。行政は対象を明確にしないことには実効性をもちません。しかし、そのことと対象を細かく分断してしまうこととは同じではありません。福祉と教育を分断し、さらに福祉部門も児童、高齢者、障害者といったように分断します。しかも、市民の参加だ、ボランティアだといいますが、それらもまた部門ごとにつくられています。

　高齢者の社会参加をいうのは簡単ですが、ひとは他者への貢献感があってはじめて自分を認識できます。この意味で、世代間の多様な交流を抜きに高齢者が元気に生きる社会のシステムなどつくれるはずがないし、高齢者の尊厳ある生活も保障されないのです。（新藤宗幸）

COLUMN 4　高齢者のメンタルケア

　2009年12月3日、神戸地裁は、自分が介護していた義姉を殺害したとして起訴された被告に執行猶予付きの判決を言い渡しました。裁判長は、重いうつ病と被害者の心ない言葉がきっかけになった突発的犯行であり、実刑に処するのは酷だと述べました（朝日新聞2009.12.4）。被告は重いうつ病で事件の1ヵ月前に自殺未遂をしており、薬を飲んでいなかったために精神的疲労状態にあったといいます。この記事のように介護者による殺人や虐待の背後にはうつがあることが少なくありません。

　うつ病は患う本人が健康を喪失したり自殺したりする例がより多い病気です。自殺者の50～70％はうつ病だったといわれていますし、うつは心筋梗塞や狭心症などの病気につながります。世界保健機関によれば、うつで健康を害する割合は2000年ではすべての病気の中で4位、2020年には2位になる見込みです。

　高齢期はさまざまな病気、とくに長く続く慢性の病気にかかりやすくなります。医療費が増大する一方で、退職や、配偶者との死別により収入が減少します。そのため趣味・娯楽などの出費を抑えるために活動機会が減る人もでてきます。多くの人にとって社会とのつながりが希薄になり、生きる目的を失いやすい時期なのです。また家族が要介護状態になる可能性が高くなる時期でもあります。

　高齢期のうつの要因にはこのような厳しい状況があるのです。相談する相手がいれば緩和することができますが、1人で抱え込んでしまうと心への負担が大きくなります。うつを患う人の中には、「うつになったのは自分が弱いからだ」という罪悪感を持つ人が少なくありません。しかし介護など厳しい状況におかれている人や、相談相手が周りに少ない人ほどうつになりやすいのです。その背景には、高齢世帯の増加、社会のつながりの希薄化、介護保険などの制度の問題があることを考えれば、うつは個人ではなく社会で取り組むべき問題だということになります。

　秋田県はうつ対策として、うつ傾向の高齢者の早期発見、相談窓口の充実や、県民への啓発活動を行なっています。啓発活動は、うつを患う本人や家族だけでなく周囲の理解を深めるためのものです。「弱い人間だからうつになる」などのネガティブな周囲の目がないことも重要だからです。またそれにより、早期のうつ傾向の人が周囲への相談や受診をしやすくなることにつながると考えられます。（平井　寛）

第5章

未来をたくす次世代を育てるセーフティネット

第5章 未来をたくす次世代を育てるセーフティネット

30
子どもの貧困をなくす
しくみをつくる

◆真夏の夜の現実

　真夏の夜中に子どもの泣き声と母親の叱り声が繰り返されているという内容の通報が近隣から入り、ある児童相談所で児童福祉司として働いているわたしは家庭訪問を実施した。

　「夫は、事業に失敗し多額の借金を残したまま数ヵ月前からいなくなってしまったんです。それまでもわたしは派遣社員として工場で働いていましたが、3人の子どもたちを抱えているし家のローンも残っていて、工場の仕事が終わってからスーパーでのバイトもしています。毎日家に帰ってくるのは早くても8時か9時ぐらい、学童保育の費用ももったいないので、その間子どもたちだけで留守番です」

　母親はわたしにこうした話をしながら、母親の帰りを待ちわびながら居間で寝込んでしまった一番下の小学1年生の女児の背中をさすっている。通報の内容を母親に尋ねると、この女児がいつも母親が帰る前に寝込んでしまうので、いやがるのを起こしてお風呂に入れたり、部屋に連れていって布団の中に寝かすときに、どうしても子どもが泣いてしまうのだと言う。

　「子どもたちには、毎日さびしい思いやつらい思いをさせているなとわたし自身が自己嫌悪におちいります。でも、わたしの時給は800円そこらで、これから上がる可能性はほとんどありません。だから仕事の時間を減らすことはできません。生きていくためには、こうした生活を続けていくしか方法がないのです」

◆7人に1人の子どもたちが貧困

　2009年秋、子どもの相対的貧困率（OECD基準）が厚生労働省から公表され、この豊かな日本で、7人に1人（14.2%）、約300万人もの子どもた

表1　先進国の中でのひとり親世帯の貧困率の比較

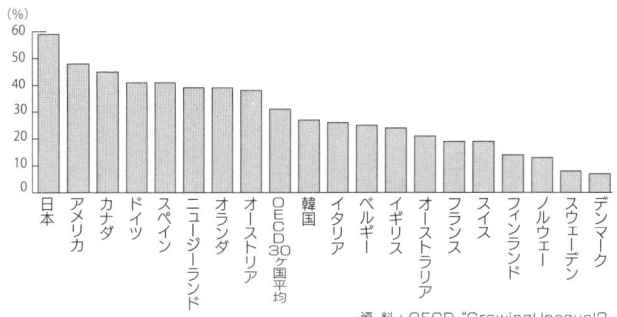

(日本、アメリカ、カナダ、ドイツ、スペイン、ニュージーランド、オランダ、オーストリア、OECD30ヶ国平均、韓国、イタリア、ベルギー、イギリス、オーストラリア、フランス、スイス、フィンランド、ノルウェー、スウェーデン、デンマーク)

資料：OECD "GrowingUnequal?－Income Distribution and Proverty in OECD countries"（2009年）に基づき筆者作成

ちが、貧困状況にあると公的に認められました。また、貧困率という数字だけでなく、不況の影響などから多くの子どもたちが困窮した生活に苦しんでいる深刻な実態が、さまざまな報道メディアなどによって報告されています。子どもの貧困が、大人の問題と比べてより深刻なのは、子どもたちはその成長の可能性の裏返しとして、身体やメンタル面で脆弱さを抱えており、貧困状況にある子どもとそうでない子どもを比較すると、学力面、健康面、情緒的な安定度などにはっきり格差が出てしまうのです。非行や不登校、児童虐待などの子ども問題の背景にも貧困が深く関与しています。

　とくに、日本のばあい、ひとり親世帯の貧困率は先進国のなかで群を抜いて高く、約6割が貧困状況にあるのです（表1）。5割を超えているのは日本だけで、これは「貧困大国」アメリカより高い数字です。また、ほかの先進国に比べ、日本のひとり親たちの就労率は非常に高いのです（8割以上）。多くのひとり親たちが働いても楽にならない「ワーキング・プア」の状態にあることがこうした高い貧困率をもたらしているのです(14ページ参照)。

　ひとり親たちがワーキング・プアにあるということは、子育てに深い影響を与えます。冒頭の母親のように、ダブルワークなかにはトリプルワークをこなさなければ生活できないシングルマザーが5人に1人も存在し、長時間労働があたりまえです。彼らは、本当に時間を切り売りしながら綱渡りのように毎日生きているばあいが大半です。結局、こうした余裕のなさというのは、家庭内の弱者、子どもたちに影響を与えてしまいます。ある母子家庭についての調査では、6歳未満の幼児を養育している家庭の場合、平日でたった46分しか育児に費やせないという実態がわかっています。

　こうした金銭的・時間的・精神的余裕をもって子育てをできない状態は、日本では、ひとり親だけでなくすべての貧困家庭に共通して見えるものです。貧困家庭におけるこうした親たちの余裕のなさが、先に述べた子どものアウ

表2 子どもの貧困率

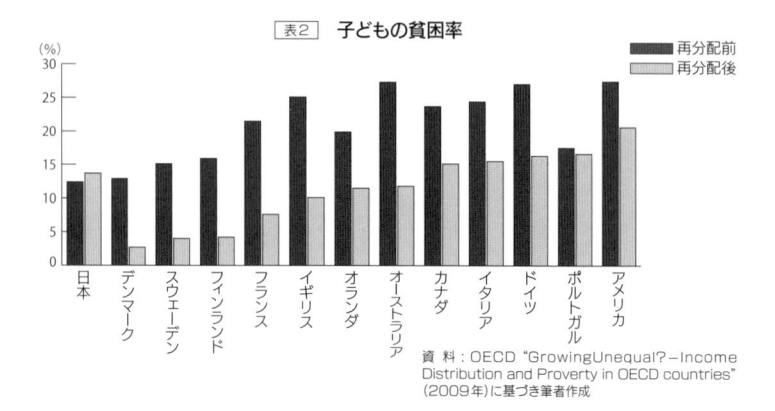

国	再分配前	再分配後
日本	12	14
デンマーク	13	3
スウェーデン	15	4
フィンランド	16	4
フランス	21	8
イギリス	25	10
オランダ	20	11
オーストラリア	27	12
カナダ	23	15
イタリア	24	15
ドイツ	27	16
ポルトガル	17	16
アメリカ	27	20

資料：OECD "GrowingUnequal？—Income Distribution and Proverty in OECD countries" (2009年)に基づき筆者作成

トカムに大きな影響を与えているのではないでしょうか？

◆税制度・社会保障制度と子どもの貧困

　ここで用いている相対的貧困率は、親たちの給料（いわゆる「税引き前」所得）だけでなく、そこから税金や社会保険料を引き、子ども手当などの社会保障の給付金を加えることで得られる「手取り」所得をベースに計算をします。つまり、先述した7人に1人が貧困状況にあるというのは、政府が税制や社会保障という形で、高所得から低所得者への富を移転させるという所得の再分配を行なった結果の数字なのです。「税引き前」の所得のみをベースに計算した再分配前の子どもの貧困率と、再分配後の貧困率を比較してみると、日本の子どもの貧困問題の特異性が浮かび上がってきます。表2は、OECD主要国との国際比較です。

　表2にない国もふくめてOECDを構成するすべての先進国のなかで、日本は唯一政府による再分配後の子どもの貧困率の方が、再分配前の貧困率より高くなっている国なのです。政府がかかわることによって、日本では貧困でなかった子どもですら、貧困におちいってしまう危険にさらされているのです。つまり、日本では税制と社会保障制度が、子どもの貧困問題解消にまったく寄与できておらず、貧困家庭の親たちの就労状況だけでなく、貧困な社会制度によって、子どもたちは困窮状況におちいっているのです。

　しかし、この表からは、子どもの貧困問題解決のための糸口も見えてきます。多くの先進国のデータからは、親たちの賃金などの不平等さによって子どもの貧困がもたらされたとしても、政府がきちんと介入すれば、子どもたちの困窮状況はかなりの程度改善できることを示しています。この表2が意味するのは、子どもの貧困をあたかも神によって創られた自然現象のようにみることは誤りであり、社会政策のありようによって子どもの貧困率は十分

に下げることができるという点なのです。わたしたち人間の力で子どもの貧困問題に立ち向かうことは可能です。

◆子どもの貧困を解決するためには ── イギリスの経験から

　わたしが共同代表を務める「なくそう！子どもの貧困」全国ネットワークでは、子どもの貧困を解決するためのいくつかの提言を検討中です。その中には、「子どもの貧困対策基本法」の制定も含まれています。この法律のひとつのモデルがイギリスの Child Poverty Act（「子どもの貧困法」）です。

　イギリスでは、1990年代後半トニー・ブレアが首相に就任したとき、非常に多くの子どもたちが貧困状況にありました。ブレアは首相就任後、「2020年までに子どもの貧困を根絶する」と宣言し、その後数年の間にいくつかの有効な施策を導入し、子どもの貧困率を下げることに成功しました。

　2010年に成立した「子どもの貧困法」は、ブレアの宣言に沿うもので、2020年までに政府が達成するべきいくつかの子どもの貧困に関する数値目標が盛り込まれています。その中には、単年度の相対的貧困率だけでなく、数年間にわたって貧困状況にある子どもの割合や、経済的理由から学校の遠足に参加できない、冬場に暖房を利用できないなど物質的剝奪という指標の数字の削減も目標に掲げられています。

　翻って、日本ではどうでしょうか？　前述のように、2009年ようやく貧困率が発表されましたが、1年たってもこの厳しい状況をどのように改善していくのかという道筋も目標もまったく提示されていません。明確な削減目標を盛り込んだ法律の制定は、社会の「未来」そのものである子どもたちに対するわたしたちの責務であると思います。子どもの貧困問題は、後回しにできる課題ではないのです。残されている時間は本当に短いと思います。

（山野良一）

31
子どもの保育の
しくみをつくる

◇子どもと親に、いま何が起こっているか

　子どもと親を取り巻く環境が日に日に厳しさを増しています。

　保育所の入所を希望しても入れない待機児童が、2010年4月に2万6000人に達しました（表1）。その年の1月、東京都23区内に住むAさんは、生後5ヵ月の子どもを預けて働こうと、区内の保育所5ヵ所に入所を申込みました。しかし、お役所から届いた結果はいずれも「満員」。不況で夫の収入が大きく減り、自分も働いて家計を支えなければならないのに、子どもを預ける場所がどうしても見つかりませんでした。

　一方、保育所に通っている子どもや親も追い詰められています。北海道のB君は札幌市の保育所に通っていますが、少し前から定員以上の子どもを受け入れることになり、部屋と庭がひどく窮屈になってしまいました。加えて、お母さんの仕事が遅くまで終わらないため、お迎えは夜の7時半になってしまいます。友達が次々と家に帰っていくなか、じっとお母さんの帰りを待っています。普段は行儀の良いB君も、集団生活の疲れと寂しさから、気持ちが不安定になったり、少し暴力的になったりしてしまうこともあります。

　家で子育てをする母親の不安やストレスも、とても大きくなっています。長崎県のCさんは専業主婦ですが、夫の帰りが遅く、自分の親も遠くに住んでいるため、ほとんど1人で子育てをしています。子どものことで心配事があっても、相談できる人がいないので、自信を持つことができません。最近では子どもにつらく当たってしまうことがあり、このまま育児ノイローゼになったり、虐待をしてしまったりしたらどうしようと悩んでいます（表2）。

　いま、なぜこれほど子どもも親も余裕をなくしているのでしょうか。「働きたいけど預ける場所がない」「産みたいけど産めない」「子育てがつらい」といった声が、いたるところから聞こえてきています。

表1　待機児童数の推移

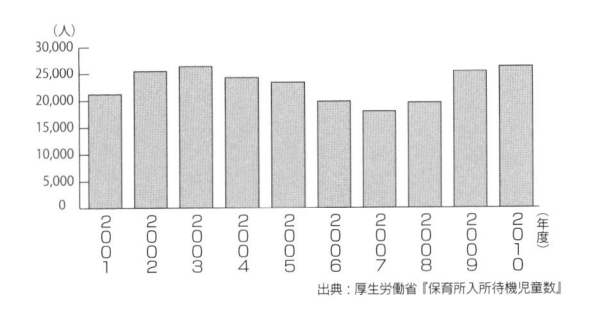

出典：厚生労働省『保育所入所待機児童数』

◆「節約」が重視されたこれまでの政策

　1989年に、ひとりの女性が一生の間に産む子どもの数が1.57人となり、日本中が「少子化だ」と大騒ぎになりました。計算上は2.08人以上でないと、日本の人口が減っていき、国の力が保てなくなると心配されたのです。それ以来、「少子化対策」として、さまざまな政策が打ち出されてきました。

　とくに、仕事を持つ母親への支援にスポットがあてられ、保育所の定員を超える子どもの受け入れ、保育時間の延長などの取り組みが進められてきました。企業にも保育所づくりが認められ、実際に民間の保育所ができてきています。自治体が独自の基準で認める保育所や、幼稚園が子どもを夕方まで預かる取り組みも始まっています。最近では、幼児教育と保育の両方を提供する「認定子ども園」という施設もつくられています。出産のあと、仕事を休んで一定期間育児に専念することができる育児休業制度も用意されました。

　しかし、こういった取り組みによっても子どもの数は増えず、子育ての負担も軽くはなりませんでした。なぜなら、厳しい財政状況を言い訳に、保育政策を進める際にも「節約」が優先されてきたからです。核家族化による家庭の孤立、地域コミュニティの衰退、労働環境の悪化などを受け、保育のニーズも多様化してきているのに、国や自治体は早く、安上がりな方法で対処しようとしてきたのです。幼稚園は文部科学省、保育所は厚生労働省という、縦割り的な行政が続けられ、子育てに対する社会の理解も進みませんでした。

　その結果、子育ての全体的なインフラ整備が大幅に遅れ、待機児童や虐待の増加など、子どもと親にとって深刻な状況が引き起こされたのです。保育所での生活の質が切り下げられたり、保育内容に不安のある保育所が増えたりすることにもなりました。せっかくつくられた育児休業制度も、職場の理解がなくて利用できず、仕事をやめる母親がたくさんいます。父親の取得率

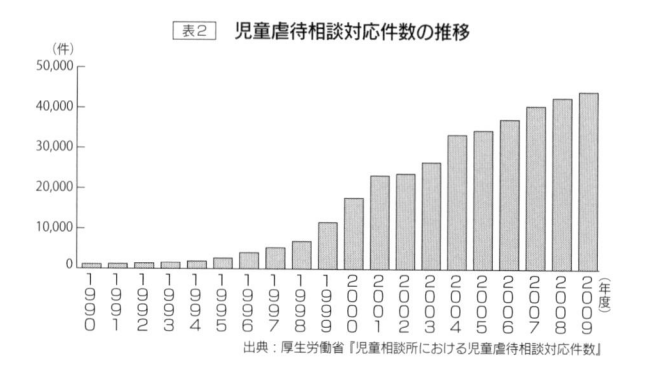

表2　児童虐待相談対応件数の推移

出典：厚生労働省『児童相談所における児童虐待相談対応件数』

にいたっては1％程度と、育児への参加がほとんど進んでいません。

　中途半端な対策が、かえって親と子どもの余裕を失わせてきたと言えるのではないでしょうか。

◆ヨーロッパの先進事例

　じつは、働く女性の増加や少子化という傾向は、日本だけでなく、多くの先進諸国に共通してみられてきた現象です。しかし、なかには社会のしくみを変えることで、子どもの減少を食い止めることに成功している国もあります。

　その例として、ヨーロッパの多くの国では、まず、児童手当を親の所得で制限することなくすべての子どもに支給して、最低限の経済的支援を行なっています。保育サービスについては、保育（ケア）と教育（エデュケーション）の連携を意味する「エデュケア」という理念を生み出し、保育所を教育担当官庁の所管に移す改革が行なわれています。

　また、幼児教育を無料にしたり、親の働き方に関係なく、すべての子どもに保育を受ける権利を保障したりする方向に視点が切り替えられています。親の主体性も重視されるようになり、親が保育所で保育に参加する時間が設定されたり、親が運営する保育所が作られたりしました。働く親への支援としては、育児休業の一定期間を父親に割り当てる「パパ・クォータ」制度（78ページ参照）や、短時間勤務、看護休暇など多彩なメニューが用意され、子どもと過ごす時間の確保に大きな効果を発揮しています。

◆保育サービスの充実と働き方の改革の同時着手を

　子どもの数が回復した国々では、子どもを増やすことよりも、むしろ、生まれた子どもの幸せを追求することに重きが置かれています。日本でも、今後は「少子化」の解決を目指すのではなく、一人ひとりの子どもを国家とし

て大切に育むという視点が、より必要となるのではないでしょうか。

　ヨーロッパの国々の取り組みを参考にすれば、手当などの経済的な支援もさることながら、保育サービスの充実と大人の働き方の改革の２つを並行して実行することが求められています。そのためには多くの税金が必要ですが、社会全体で子どもを育てるという考え方を広く浸透させ、全世代が負担を引き受けるという合意をつくらなければなりません。

　まずは、小学校に入る前のすべての子どもに対し、公平な支援を行なうという視点から、子どもに関する政策を担当する省庁を１つに絞り、幼稚園と保育所にかかわる法律やカリキュラムを統合するべきです。そして、教育・保育を受ける権利をすべての子どもに保障するとともに、企業などの民間の力も利用しながら、保育所の種類と数を一気に増やし、待機児童をなくさなければなりません。保育の質を確保するためには、客観的な評価機関をつくり、すべての保育所を定期的に検査して、結果を広く公開するようにします。

　親の孤立を防止し、子育ての力をつけるために、欧米で行なわれているような保育への参加制度や、親同士で子どもを保育し合う取り組みが、導入されるとよいと思います。保育スタッフの地位と給料を引き上げ、保育所だけでなく地域の中でも、親をサポートする役割を発揮させることが重要です。

　大人の働き方については、まず国と企業が責任を持ち、長時間労働があたりまえの社会風土を率先して変えていく必要があります。育児休業は、父親と母親の両方に取得を義務化し、余った部分を短時間勤務に振り分けられる制度が有効な方法として考えられます。そして、残業を厳しく規制し、さまざまな短時間勤務を選択肢として用意できれば、親と子どもが触れ合う時間が確保され、時間的にも精神的にも、十分な余裕が生み出されると思うのです。

　この少子化の時代にせっかく生まれてきた子どもたちを、どう大切に育てていけるかが、いま問われています。（南雲　文）

32

教育を受ける権利を保障するしくみづくり

◆教育費無償は先進国の常識

　政権交代によって日本でも高校授業料の無償化がやっと実現しました。「やっと」と記したのは、先進国では、唯一日本だけが、徴収し続けていたからです。

　欧米の国々は、原則として、大学にいたるまで、教育費は無償です。大学の学費を徴収している国でも年間10数万円にすぎません。日本のように100万円を超える学費を徴収している国はありません。日本では、「義務教育」期間もさまざまな費用が徴収されており、保育園3歳から高校3年生までの15年間だと、公立では約570万円、私学ならその3倍ほどかかります。大学4年間を足せば、さらに400万円から1000万円の費用が加算されます。

　世界30ヵ国の教育の現状を比較した経済開発協力機構（OECD）のデータによると、2006年の国内総生産（GDP）に占める学校など教育機関への公的支出の日本の割合は3.3％で、28ヵ国中27番目です（表1）。支出割合の上位国のアイスランド（7.2％）、デンマーク（6.7％）、スウェーデン（6.2％）の半分しかありません。逆に、教育支出に占める家計負担の割合は、21.8％で、データのある22カ国中、韓国（31.5％）についで第2位です。スウェーデンは0.1％です。その結果、日本の小学校1学級あたりの平均児童数は、28.2人で、経済協力開発機構（OECD）加盟国中、下から2番目です（表2）。中学校も下から2番目の33.2人で、OECD平均の22.8人とは約10人の開きがあります。

　日本国憲法26条には、「すべて国民は、法律の定めるところにより、その能力に応じて、ひとしく教育を受ける権利を有する」と規定されています。ところが、日本では、長らく、教育費は、受益者負担の考え方から、個人が

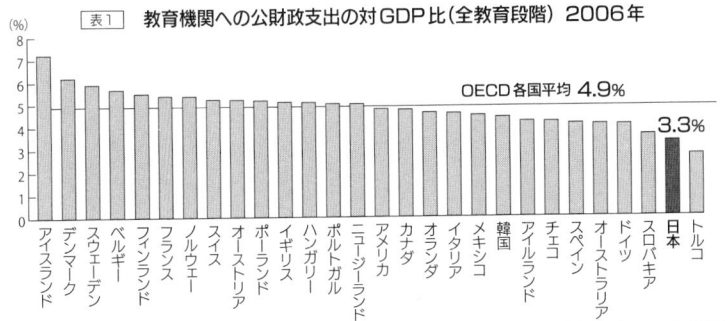

表1 教育機関への公財政支出の対GDP比（全教育段階）2006年

OECD各国平均 4.9%

アイスランド、デンマーク、スウェーデン、ベルギー、フィンランド、フランス、ノルウェー、スイス、オーストリア、ポーランド、イギリス、ハンガリー、ポルトガル、ニュージーランド、アメリカ、カナダ、オランダ、イタリア、メキシコ、韓国、アイルランド、チェコ、スペイン、オーストラリア、ドイツ、スロバキア、日本 3.3%、トルコ

出展：「OECD『図で見る教育』2009年版の公表について」文科省

負担するのがあたりまえだと国民は思いこまされてきました。

教育を受ける事は人びとの権利であり、個人の幸福を実現し、平和で民主的な社会を発展させるために、社会と国は、その権利の行使を、公的支出や法制度を含め全力を挙げて支える義務があるというのが国際的な常識です。ところが、日本政府は、国際人権規約（66年国連採択、79年日本批准）の留保問題に見られるようにその義務に背いてきました。

日本政府は、ストライキ権、休日の報酬の支払いの条項とともに、中等・高等教育、つまり、高校・大学の学費無償化＜13条(b)(c)＞について、国連社会権規約委員会が撤回勧告を出しても留保し続けています。同条項を留保している国は、条約加盟国160ヵ国（09年5月現在）中、日本とマダガスカルの2ヵ国だけです。GDP（国内総生産）だけみれば、500兆円を超える世界第3位の経済大国日本が人権後進国といわれるゆえんです。

朝鮮高校を授業料無償の対象から除外するのも、国際人権規約や子どもの権利条約に違反する明らかな人権侵害で、一種のいじめにほかなりません。

◆「学力向上」という社会的虐待

欧米では、地域や学校ごとに自主的に教育内容が決められているのに対して、日本では学校現場から遠く離れた霞が関で文部官僚がつくる学習指導要領によって教育内容などが事細かに決められ、学校に下りてきます。

2011年度から段階的に実施される新学習指導要領では、「学力低下」をもたらしたと批判された「ゆとり教育」から転換し、授業時間増を打ち出しました。先行実施している全国の小中高校では、夏休みや学校行事が削られる事態が起きています。

子どもたちは、1.5倍に増えた重い教科書を背負い、夏には、冷房のない教室で汗だくで朦朧となって授業を受けさせられています。実際の子どもた

表2　OECD加盟国の公立小学校の1クラス平均児童数

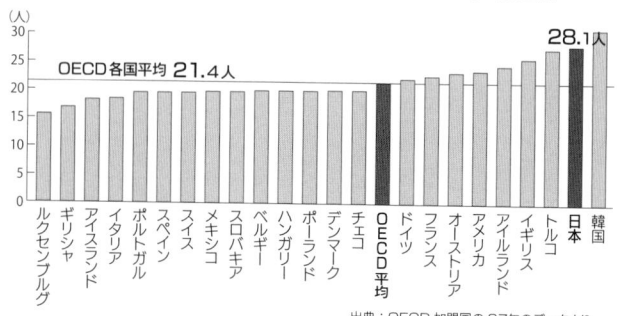

OECD各国平均 21.4人　　　　　　　　　　　28.1人

ルクセンブルグ／ギリシャ／アイスランド／イタリア／ポルトガル／スペイン／スイス／メキシコ／スロバキア／ベルギー／ハンガリー／ポーランド／デンマーク／チェコ／OECD平均／ドイツ／フランス／オーストリア／アメリカ／アイルランド／イギリス／日本／韓国

出典：OECD加盟国の07年のデータより

ちの姿を想像できず、ひたすら「学力低下」のレッテルをはる大人たちによる社会的な虐待といってもいい状態に子どもたちはさらされています。

　欧米の学校では2ヵ月以上の夏休みがあります。数週間のバカンスを家族で旅行に行くことも一般的です。日本では、親は会社に縛られ、子どもたちは学校や塾に縛られ、家族が触れ合う時間はほとんどありません。

◆子どもの学ぶ権利を保障する制度を

　そもそも、授業時間を増やせば学力は上がるという量的な発想は正しいのでしょうか。たとえば、PISA型学力世界一といわれるフィンランドの小中学校の年間授業時間数は世界でも最低レベルです。

　単純な暗記や計算なら量を増やせばある程度の成果が上がるかもしれません。しかし、自由な人生を満喫するための土台づくりは、基本的に各個人の個性に合わせてゆっくりと行なわれるべきです。詰め込み教育では創造力や考える力が育たないという教育現場における反省から、「ゆとり教育」の理念と実践が生まれてきたのではなかったのでしょうか。

　たしかに、いまの時代は、社会、科学、学問の進歩にともない、学ぶ量はかつてと比較にならないほど増えているのかもしれません。それなら、作家であり、市民運動家だった小田実さんが提唱していたように、小中高の年限を、現在の6・3・3から6・4・4へと、2年間延長するのも一案です。戦前の旧教育制度でさえ14年だったのですから。

　小学校6年・中学校4年・高校4年の14年間を「権利教育」（義務教育）の範囲として、生徒は、各課程において学習が不十分であると判断した場合、自ら希望して在籍年限を延長し、十分な教育を受ける機会をもてるようにすればどうでしょうか。幸福度世界一といわれるデンマークでは、義務教育の9年間に加えて、3割以上の生徒は次の高校や職業学校への準備として任意

で10学年目を選んでいます。小学校に上がる準備として任意の0学年に通う子どもたちも多くいます。

　そのためには、教師や保護者の考えも変わらなければならないでしょう。日本の小中学校では、「落第」させるのはかわいそうだとばかりに、勉強ができなくとも、横並びに、自動的に学年を上がり、卒業させられてしまいます。

　一人ひとりの育ちや学びのペースは異なります。それぞれの学年で十分な教育が施されて、なおかつ学習課題が修得できなければ、その人なりのペースでゆっくり勉強に取り組む機会を権利として保障すべきでしょう。ただ、そのためには、十分な教員数の配置が必要ですし、生徒の姿をよく見て成長を手助けするためには教員の側にもゆとりと意識の変革が必要です。

　ところが、近年、日本の学校現場では、効率性偏重の成果主義に基づいた目標管理制度が導入され、管理職の勤務評定によって教職員がランクづけされ、それに応じて給与が決められるなど、教職員への管理が厳しくなってきています。教職員は差別分断され、対等の同僚として仕事ができなくなっています。コンピューターの前で書類作成を強いられ、ゆったりと生徒に接する時間はなくなり、長期休暇中の自宅研修も認められなくなりつつあります。文科省の調査によると、精神疾患で休職した教員の数は93年度から増え続け、2009年度は、5458人と過去最高を更新しました。

　学習指導要領も大綱的なものにして、教職員、生徒、保護者、住民を含めた学校現場に教育を任せるべきです。教育は、生産量や営業成績のように数値目標化されるものではありません。教職員の同僚としての協同性を機能させるためにも勤務評定による給与の差別化はやめるべきです。

　「教育の目的達成には、まず何より多くの費用をかけること、そして教師たちにより多くの閑暇と教えることを自然に好むような状況とを保障することにある」というバートランド・ラッセルの提言は今も有効です。（水野行範）

33
だれでも学ぶことが
できるしくみづくり

◇ 24万人の不登校・中退生徒の意味

　教育を受ける権利を保障するためには、いつでも、どこでも、だれでもが学べる多様なルートが必要です。

　もっとも主要なルートは、いうまでもなく学校教育です。

　ところが、日本では、1998年以来、約12万人の小中学生が年間欠席日数30日以上の不登校状態にいます（表1）。高校生の中退・不登校も12万人にのぼります。高校になると、学校間格差は広がり、「進学校」が有名大学の合格者数を競い合う一方で、「就職校」は多くの中退者をだしています。なかには、新入生の半分前後が中退する公立高校もあります。

　学校とは誰でも学べる場所であるべきなのに、小中高あわせて24万人の生徒が学校からはじかれている異常な状態が続いているのです。

　登校している生徒の中にも学校に不満を感じている生徒が多くいます。たとえば、2007年のユニセフの調査によると、日本の15歳の子どもの3割が孤独感を訴えています（表2）。

　不登校・中退対策として、教育行政は、適応指導教室を作ったり、スクールカウンセラーを配置したり、フリースクールの学習を在籍校の単位として認める措置をとったりしていますが、変化が求められているのは、生徒ではなく学校の方なのではないでしょうか。文科省の調査によると、小中学校における不登校のおもなきっかけとして、「友人関係」19.9％とともに「学業の不振」10.9％をあげています。

　文科省は、新学習指導要領によって、学力低下対策として授業時間を増やすことを指導していますが、学校や授業のあり方が変わらないかぎり、今後ますます、勉強嫌い、学校嫌い、ひいては不登校の生徒が増えていくことが予想されます。

表1　学校種別全児童生徒数に占める不登校自動生徒の割合の推移

中学校: 平成7年 1.42%, 8年 1.65%, 9年 1.89%, 10年 2.32%, 11年 2.45%, 12年 2.63%, 13年 2.81%, 14年 2.73%, 15年 2.73%, 16年 2.73%, 17年 2.75%, 18年 2.86%, 19年度 2.91%

小学校: 平成7年 0.2%, 8年 0.24%, 9年 0.26%, 10年 0.34%, 11年 0.35%, 12年 0.36%, 13年 0.36%, 14年 0.36%, 15年 0.33%, 16年 0.32%, 17年 0.32%, 18年 0.33%, 19年度 0.34%

「平成20年版青少年白書」より

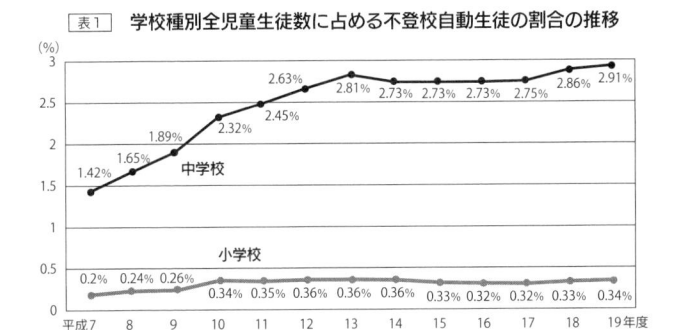

　日本の学級で行なわれている教師中心の一斉授業では、自分のペースで学びたい生徒たちは学ぶことから落ちこぼれていってしまいます。日本以外の先進諸国では一斉授業はもはや主流ではありません。個別指導や共同学習など、子どもが自分たちで学ぶような場を工夫しています。子どもがひとりの個人として尊重され、学ぶことに喜びを感じられれば、不登校や中退は少なくなっていくはずです。

　たとえば、60年代まで大量の留年生をだしていたオランダでは、3学年にわたる異年齢の生徒たちによるクラス編成を行ない、生徒同士で、教えあい、学びあう授業の場をつくることで子どもたちの学ぶ意欲を高めてきました。その結果、世界保健機関（WHO）の調査によるとオランダの13歳の子どもの94％が「自分の生活に満足している」と答えています。

◇外国人児童・生徒への教育保障

　国際化社会が進むにつれ、日本在住の外国人も増加の一途をたどり、日本で学ぶ外国人の子どもも増えてきました。いまや日本社会では、日本の植民地支配に起因する在日韓国・朝鮮人や中国残留日本人などに加え、ニューカマーの外国人を迎えて、190以上の国籍を持つ外国人が200万人以上暮らす「多国籍・多民族・多文化」化が急速に進行しています。

　その結果、公立小中高校で約7万人、外国人学校・民族学校で約3万人、合わせて約10万人の外国籍の子どもや外国にルーツを持つ日本籍の子どもたちが日本で学んでいます。

　外国人学校・民族学校の子どもたちにも、日本の学校に在籍する子どもたちと同様に、教育を受ける権利が保障され、大学短大など高等教育への進学機会が平等に認められるべきです。

　ところが、政府は、外国人とその子どもたちの教育をどうするかについ

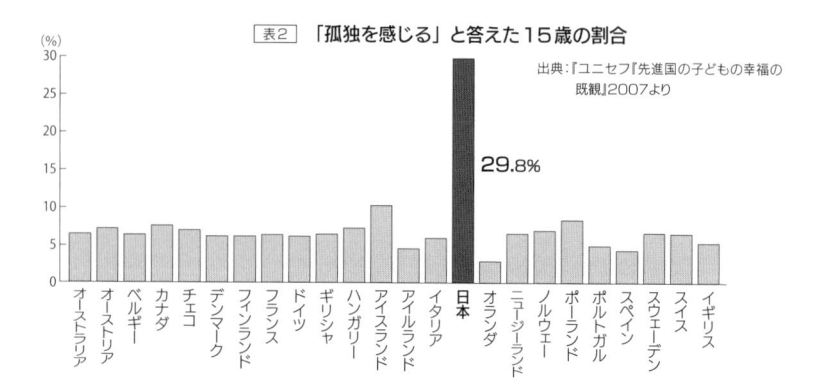

表2 「孤独を感じる」と答えた15歳の割合

出典:『ユニセフ『先進国の子どもの幸福の既観』2007より

日本 29.8%

ては、非常に不十分な施策しかとっていません。

朝鮮学校をはじめとする外国人学校は、現在も、学校教育法１条で定められた正規の学校とはみなされないまま、自動車教習所などと同じ「各種学校」扱い、あるいは「各種学校」の認可すら受けられない状態となっています。

その結果、行政からの助成金、免税措置、卒業資格そして大学受験においても、学校教育法の１条に比べて極めて不公平な状態におかれています。

日本人として生まれた子どもは、公立小・中学校で無償の義務教育が保障され、私立学校に入学した場合には私学助成が手厚くなされるのに対して、外国籍の子ども・外国にルーツを持つ子どもとして生まれ、その親が子どもに母語と母国の文化を学ばせようと外国人学校・民族学校に入学させたら、公的措置から見放されてしまうのです。

たとえば、歴史の浅いブラジル学校は、資金面で余裕が無く、「各種学校」の要件すら満たせないことから、公的支援をいっさい受けられない所が多く、保護者や教職員が多大な負担を強いられています。ここ数年来の不況が、派遣労働者が多い日系ブラジル人コミュニティを直撃し、子どもたちが学校に通えなくなるという事態も起こっています。

日本語教育の保障に関しても、文科省の調査によると、公立の小中高校に在籍する外国籍生徒のうち、日本語指導の必要な生徒は約２万8000人にのぼる（その数は年々増えてきています）のにもかかわらず、15％以上の生徒は日本語指導を受けられないでいます。

また、日本が批准している子どもの権利条約第30条やマイノリティ権利宣言第４条など国際人権諸条約では、外国人・民族的マイノリティが、自己の文化・歴史を享受し、自己の言語を学び、アイデンティティを保持するための教育を受ける権利を保障しているのにもかかわらず、日本の学校に在籍する外国人生徒への母語教育は、良心的な教員たちの努力で一部行なわれて

いるだけです。国籍や民族を問わず、すべての子どもたちに、外国人学校・民族学校においても、日本の学校においても、日本語とともに、十分に母語を学び、母語で学ぶ機会を無償で保障すべきです。

◆ 自発・平等・協働の学ぶ場の保障を

学ぶのは青少年だけではありません。むしろ、社会人になってから、あるいは仕事を経験してからの方が学習動機は高いものがあります。

現在の日本では、教育費の高さや入学試験の難しさもあって、学ぶ意欲のある人が自由に学ぶことはなかなかできません。

たとえば、オランダや北欧では、市民たちがこういう学校をつくりたいと考えると政府が財政援助をして学校が作られる制度があります。政府は、人事、カリキュラム、授業内容にもほとんど干渉しません。日本においても、学びたいときに学べる学校を市民がつくることを行政が援助するしくみを作っていくべきです。

大切なことは、受験の勝者になるための勉強から、学ぶ喜びのための勉強に転換することです。「学力」世界一で注目されているフィンランドでは、16歳まで他人との競争をあおる学力テストは行なっていません。授業の際に児童・生徒をその教科の習熟度に応じて、複数の学級をいくつかのクラスに編成し直す習熟度別学級編成も学力向上にはつながらないとして1985年に廃止しています。

ほんとうの学びの実現のためには、154ページで述べたように学費は無償とし、ヨーロッパのように高校受験、大学受験も廃止し、誰もが学びたい時に学ぶことができる制度に変えていくべきではないでしょうか。

(水野行範)

COLUMN 5　子どもの虐待と貧困

　子ども虐待の背景に、家庭の経済的な困難が存在することが指摘されています。そのことを裏付ける統計資料もいくつか報告されています。たとえば、東京都が出している「児童虐待の実態Ⅱ」（05年12月）によると、虐待につながったと思われる家庭の状況については、「ひとり親家庭」が31.8％、「経済的困難」が30.8％、そして「孤立」が23.6％となっています。「ひとり親家庭」についても、合わせて見られるほかの状況が「経済的困難」や「孤立」である比率が高く、「経済的困難」と「孤立」とは、子ども虐待の大きな要因と言えます。

　もちろん経済的に苦しい家庭やひとり親家庭に虐待が起こるなどと言いたいのではありません。児童相談所が受ける虐待相談のうち、背景として経済的な困難があったり、ひとり親である家庭の割合が有意に高いということであり、子どもの虐待対策を検討するうえでこの点を認識する必要があると思います。

　実際に虐待相談があって児童相談所がかかわる家庭は、経済的な問題に合わせて、さまざまな生活課題を持っています。就労の不安定、住居の狭隘、父母の不和、アルコール依存や精神疾患などを抱えていることもあります。そして保護者は精神的にも時間的にも余裕を失っており、子どもの要求に適切に応答することができなくなっています。一方で子どもは、保護者から十分な監護を受けられない寂しさを抱え、成長発達上の課題を背負っている場合もあるのです。以上から、子どもの虐待のリスクを軽減するためには、まずもって経済的な支えをはじめとした社会施策を充実させる必要があると考えます。

　また、このような家庭を訪問して感じるのは、保護者が援助を受けられるような人間関係を持っていないことです。親族と疎遠であったり、友人がいなかったりして、保護者が1人で子育てを抱え込んでいることが多くみられます。孤立は養育の行き詰まりをもたらします。地域に多様なサポート資源があって、子育て家庭を身近に支えることができれば、養育の困難を軽減することができるでしょう。社会資源の不備が家庭の困難を助長している面があることも見落としてはならないと思います。

　子ども虐待の問題を家庭の責任に委ねることなく、社会全体の問題としてとらえ対応策を検討することが必要です。未来の存在である子どもたちが希望をもって育っていけるように、家庭基盤を支えるための援助を社会の責任として創出していくことが求められています。（川松　亮）

あとがき
　〜ほんとうに必要なセーフティネットのつくりかた

　2011年3月11日、日本は東北一帯を中心とした東日本大震災に見舞われました。家々は津波で押しつぶされてがれきの山となり、5ヵ月後現在で、2万人を超す死者や行方不明者が出ています。さらに、福島原発の事故で、いつ郷里に戻れるかわからない被災者たちも多数生まれています。私たちは、いつ、どんな状況で、生活の基盤を失うかわからないという状況を、骨身にしみて体験しつつあります。そんなときでもなんとか立ち直って、次へ踏み出すことを可能にする社会の支えの必要性を、この大震災は、私たちに教えてくれているのではないでしょうか。この本は、そんな安全ネットをどのようにつくっていくかを考えていただこうとの願いから、つくられました。

　「失われた10年」とも、「失われた20年」ともいわれるこの年月、私たちの社会では、人が人間らしく暮らせる基盤がつぎつぎと突き崩されてきました。安定して働ける正規雇用の仕事が大幅に減っていき、これを後押しする労働の規制緩和が猛烈な勢いで進みました。「正規雇用」とされている働き方も不安定さを増し、労働から滑り落ちた人びとを支えるはずの失業手当や生活保護などのしくみも、財政削減の大波の中で削り取られていきました。自殺者は、毎年3万人を越え続けています。

　そして、2008年暮れ、不安定な派遣労働者として働いてきた人びとが、リーマンブラザーズの破たんをきっかけとした世界的な不況の中で、仕事を突然打ち切られて行き場をなくし、東京都心の日比谷公園にNGOや労働組合が設けた相談所に続々と集まる姿が、世界各地のメディアで報道されました。「年越し派遣村」です。

　問題は、本書でもあちこちで書かれているように、これらの失業した人びとと、貧困に陥った人の実像が、容易に社会の主流の人びとには見えていないことです。私自身、新聞記者として取材のために現場に出かけ、その人びとの声を聞き、そこに至るまでの状況を聞き出すまでは、この、一見豊かに見

える社会で、どのようにして人びとが餓死したり、行き詰まって自殺にまで追い詰められたりしていくのか、本当のところはわかりませんでした。こうした体験なしでは、私もまた「自分がしっかりしていなかったから貧困に陥った」といった自己責任論に走っていたでしょう。

　本書は、そのような「見えない人びと」の現場に立ち会い、その現状を突き付けられたさまざまな支援者たちが中心になって、それぞれの活動の中で必要と痛感したセーフティネットを洗い出し、提案しようと考えたのです。こうした現場に接する機会のない一般の人びとからはわかりにくい本当に必要なしくみとは何かを、33個の項目に絞って提案してみました。

　いま、大震災によって多数の会社が被災し、また、被災しなかった会社も、不安感から雇用を絞っています。多くが3カ月や半年、最長でも1年足らずの失業手当しか支給しない日本の雇用保険のあり方の下で、働く場を失った被災者たちの間では、「失業手当が切れる半年後がおそろしい」「心のケアより仕事がほしい」との声も強まっています。ローン返済中の家を、震災によってつぶされ、再建のための二重ローンへの不安におびえる人も少なくありません。原発事故による東電からの仮払い補償金や被災義捐金を受け取った人は生活保護が打ち切られるなど、被災前からの厳しい生活保護政策が、ここでも繰り返されています。安全ネットの貧しさが、大震災という背景の中で、一段と鮮明に浮かび上がりつつあるのです。

　大震災後の日本社会の再建は、日常の暮らしから滑り落ちた人びとが、再び元の位置に戻れるような安全ネットの再構築なしではありえません。この10年、20年で壊されてきた安心のしくみを立て直すために、また、復興後の格差や貧困の拡大を少しでも食い止めるために、本書をぜひ、知恵袋として役立てていただきたいと思います。

竹信三恵子

執筆者一覧

赤石千衣子（あかいし・ちえこ）	（特活）しんぐるまざあず・ふぉーらむ
池田昌弘（いけだ・まさひろ）	（特活）全国コミュニティライフサポートセンター理事長
石井敏弘（いしい・としひろ）	聖隷クリストファー大学教授
稲葉　剛（いなば・つよし）	（特活）自立生活サポートセンター・もやい代表理事
遠藤智子（えんどう・ともこ）	自治労（東京都本部、八王子市職執行委員）
鴨　桃代（かも・ももよ）	全国コミュニティ・ユニオン連合会会長
川松　亮（かわまつ・りょう）	東京都北児童相談所児童福祉司
北　健一（きた・けんいち）	ジャーナリスト
五石敬路（ごいし・のりみち）	東京市政調査会主任研究室長、貧困研究会運営委員
今野晴貴（こんの・はるたか）	（特活）「POSSE」代表
斎藤貴男（さいとう・たかお）	ジャーナリスト
酒井　徹（さかい・とおる）	名古屋ふれあいユニオン運営委員
下村幸仁（しもむら・ゆきひと）	山梨県立大学人間福祉学部教授
新藤宗幸（しんどう・むねゆき）	東京市政調査会研究担当常務理事
鈴木　伸（すずき・しん）	ことぶき共同診療所・医師
高谷　幸（たかや・さち）	移住労働者と連携するネットワーク
南雲　文（なぐも・あや）	東京都職員（前東京市政調査会研究員）
竹信三恵子（たけのぶ・みえこ）	ジャーナリスト・和光大学現代人間学部教授
平井　寛（ひらい・ひろし）	日本福祉大学健康社会研究センター主任研究員
平舘英明（ひらたて・ひであき）	ジャーナリスト
水野行範（みずの・ゆきのり）	人間中心の教育研究会、大阪府立桃谷高校（通信制）教諭
屋嘉比ふみ子（やかび・ふみこ）	ペイ・エクイティ・コンサルティング・オフィス代表
山岡淳一郎（やまおか・じゅんいちろう）	ノンフィクション作家
山野良一（やまの・りょういち）	千葉明徳短期大学教授

編者プロフィール

稲葉　剛（いなば・つよし）
1969年生まれ。特定非営利活動法人自立生活サポートセンター・もやい代表理事。90年代より野宿生活者の支援活動を始める。著書に『ハウジングプア「住まいの貧困」と向きあう』（山吹書店）、共著に『貧困のリアル』（飛鳥新社）ほか。

五石敬路（ごいし・のりみち）
1968年生まれ。東京市政調査会研究室長、貧困研究会運営委員。日本、韓国、中国の貧困について現場の視点から研究、政策提言している。著書に『現代の貧困　ワーキングプア』（日本経済新聞出版社）、編著に『東アジアにおける都市の貧困』（国際書院）ほか。

新藤宗幸（しんどう・むねゆき）
1946年生まれ。東京市政調査会研究担当常務理事。地方分権に関して提言を行なう分権型政策制度研究センター長も務める。著書に『概説　日本の公共政策』（東京大学出版社）、『司法官僚　裁判所の権力者たち』（岩波新書）ほか。

竹信三恵子（たけのぶ・みえこ）
1953年生まれ。ジャーナリスト。和光大学現代人間学部教授。前朝日新聞労働担当編集委員兼論説委員として非正規労働や貧困、女性問題を手がけてきた。著書に『ルポ雇用劣化不況』（岩波新書）、『女性を活用する国、しない国』（岩波ブックレット）ほか。

装幀：成瀬　慧
本文デザイン：TR. デザインルーム　タナカリカコ

わたしたちに必要な
33のセーフティーネットのつくりかた

2011年9月25日　第1刷発行

編者　　稲葉　剛・五石敬路・新藤宗幸・竹信三恵子
発行者　上野良治
発行所　合同出版株式会社
　　　　東京都千代田区神田神保町1-28
　　　　郵便番号　101-0051
　　　　電話　03（3294）3506
　　　　振替　00180-9-65422
　　　　ホームページ http://www.godo-shuppan.co.jp/
印刷・製本　新灯印刷株式会社

■刊行図書リストを無料進呈いたします。
■落丁乱丁の際はお取り換えいたします。

本書を無断で複写・転訳載することは、法律で認められている場合を除き、著作権及び出版社の権利の侵害になりますので、その場合にはあらかじめ小社宛てに許諾を求めてください。

ISBN978-4-7726-0477-2
NDC360　210×130

©Norimichi Goishi, 2011年